GW01607669

Ungidas

Colección «El Pozo de Siquem»
288

Mariola López Villanueva, RSCJ

Ungidas

Un itinerario de oración con relatos de mujeres

4.ª Edición

SAL TERRAE

Editorial Sal Terrae 2020
Grupo de Comunicación Loyola
Polígono de Raos, Parcela 14-I
39600 Maliaño (Cantabria) – España
Tfno.: +34 944 470 358
info@gcloyola.com
gcloyola.com

Imprimatur:

✠ Vicente Jiménez Zamora
Obispo de Santander
15-10-2011

Diseño de cubierta:
María Pérez-Aguilera
www.mariaperezaguilera.es

Ilustración de la cubierta:
Marko Rupnik, SJ

Impreso en España. Printed in Spain
ISBN: 978-84-293-1963-7
Depósito Legal: SA-728-2011

Impresión y encuadernación:
Gráficas Fernan, S.A. - Bilbao
www.graficasfernan.com

A las mujeres con las que he orado
y reído,
mi gratitud y contento.

«*Va a amanecer*
va a sanar
no te rindas, mi vida,
siembra unas flores de amor en tu herida
ay corazón...
es la vida un milagro de Dios,
ve cantando las penas
y suelta el dolor...
Pronto llega el sol
con la esperanza de amanecer,
de renacer,
no te rindas amor».

(Maná, de su CD «*Drama y luz*»).

ÍNDICE

Prólogo

UN verano me invitaron a dar unos retiros en Colombia, y este libro es fruto de esos días y del encuentro con mis hermanas de esa hermosa y dolorida tierra. Decidí preparar un itinerario que, teniendo como base la pedagogía ignaciana de los Ejercicios más en su caudal de fondo que en la forma, ahondara en la experiencia de las mujeres del Evangelio.

¿Por qué decidí escoger textos sobre personajes femeninos? Hasta ahora he dado Ejercicios a mujeres, sobre todo a religiosas. Los primeros que preparé eran más estrictamente ignacianos en el lenguaje y en los textos; lo que yo había recibido más o menos lo pasaba. En los últimos acogí el deseo de hacer unos días de oración ahondando en la experiencia de las mujeres. ¿Un año más me iba a sentir identificada con Zaqueo, con el fariseo de la parábola, con el hermano menor o mayor, con Pedro...? ¿No me reconocía yo más bien en la mujer con hemorragias, en la encorvada, en Marta de Betania, en María Magdalena? ¿Por qué han tenido tantas mujeres a lo largo de la historia de la espiritualidad que vencer su *orgullo,* si de lo que se trataba era de *superar su timidez y ocupar su espacio*?

Creo que el género influye a la hora de ofrecer textos bíblicos y pasajes de los Evangelios para la contemplación, y se han usado mucho más los textos que hacen referencia a personajes y modos masculinos. Los relatos de mujeres nos son más desconocidos, y para encontrar la entrada en un texto *–el lugar donde el Espíritu se filtra para buscarnos–* necesitamos conocerlo íntimamente. Por eso acogí el deseo de detenerme en los encuentros de las mujeres, de entrar en sus transformaciones, de contemplar cómo la vida de Jesús se teje en sus cuerpos y cómo disponernos para que siga tejiéndose en los nuestros. Los Ejercicios se me abrieron en unas claves más afectivas y relacionales, y también surgió la necesidad de integrar más lo corporal.

Mientras profundizaba en los relatos del Evangelio donde aparecen personajes femeninos, me emocionó descubrir que lo que denominan las cuatro llamadas a la vida adulta (las llamadas a la *identidad,* a la *intimidad,* a *ser generativos* y a la *integridad*) se iba dando y operando en el proceso de fondo de los Ejercicios como un camino de ahondamiento y de maduración. A través de las mujeres también he intentado seguir estas llamadas.

Al final de los Ejercicios que viví en Colombia, una hermana de Bogotá, ya mayor, me dijo: «*¿Dónde estaban metidas todas esas mujeres? He hecho unos Ejercicios con tanta vida...*». Pude entenderla bien: no era tanto por el retiro en sí, sino porque a través de los relatos de mujeres ella había conectado más que otras veces con su propia realidad, allí donde el Señor se le hacía más personal y cercanamente presente.

Creo que para los hombres hacer oración abundando en los textos de mujeres puede ser sumamente rico en matices, en frescura, en la posibilidad de despertar su sensibilidad y todo su caudal de *ánima;* de abordar la compasión, el servicio, la intimidad... desde unas claves más completas e integradoras. Porque hay algo del *sensus Christi* que nos perdemos si no nos ponemos junto a ellas.

Lo que más me emociona es que también Jesús tomara en su propia vida estas historias de mujeres. Que *tanto bien recibido* en la relación con ellas le hiciera ahondar su experiencia de Dios; que su modo de entregarse, lavando los pies y sirviendo la mesa con su propio cuerpo, no lo haya aprendido de ningún rabino, de ningún sacerdote, de ningún maestro de la ley, sino que fueron Marta y María las que se lo dieron a conocer al practicarlo con él (Jn 12). Que recordara a la cananea cuando dijo: «Esto es mi cuerpo... y mi sangre que se derrama *por todos*» (Mt 26,26-27), y que aquella viuda pobre le enseñará cómo dar todo lo que necesitaba para vivir en ese misterio quebrado de «*agua, sangre y silencio*» (Jn 19,34).

Jesús se reconoció en sus gestos y aprendió de estas mujeres el *modo de proceder de Dios.* Por eso creo que Ignacio, cinco siglos después de dejarnos el precioso legado de los Ejercicios, se retractaría de aquella anotación 325, fruto de la época y de lo heredado –«*el enemigo se hace como mujer...*»–, y podría decir hoy, y con mucha razón: «no tengan miedo, que *el amigo viene como mujer*». Las mediaciones femeninas se abren para todos como impulso creador, espacio de novedad, de posibilidades inéditas, de una abundancia de vida que aún desconocemos.

Cada capítulo del libro lo encabeza un participio, en el que se quiere expresar la invitación y la disposición a pedir, y contiene dos pasajes del Evangelio. Los relatos se inician con un cuento o una pequeña historia, que solía leer al comenzar las charlas, y se cierran con unas preguntas que quieren invitarnos a orar con los textos.

Pido disculpas de antemano porque voy a escribir «como si *ante mujeres me hallase*». Quisiera *llamar y activar,* de este modo, la dimensión femenina, la receptividad, la calidez y la creatividad que hombres y mujeres guardamos dentro. Un amigo me sugirió: «*di que no es un libro sólo para mujeres y que los hombres hartamente lo aprovecharán*». Ahí queda abierto. En ocasiones, mientras los preparaba, tomaba cosas de aquí y de allá; de algunas puedo citar la fuente, de otras ya no sé ni dónde lo bebí. Agradezco lo recibido, y es desde la propia experiencia, no desde el *mucho saber,* desde lo ofrezco sencillamente como materiales que pueden ayudar a *sentir y gustar.*

Granada, 25 de mayo 2011
Fiesta de Sta. Magdalena Sofía

Introducción

Puertas que cruzaron Jesús y las mujeres

UNA mujer judía de 27 años, Etty Hillesum, escribía en su diario el 12 de julio de 1942 ante los peligros y rumores que circulaban sobre su pueblo:

> «Voy a ayudarte, Dios mío, a no apagarte en mí, pero no puedo garantizarte nada por adelantado. Sin embargo, hay una cosa que se me presenta cada vez con mayor claridad: no eres tú quien puede ayudarnos, sino nosotros quienes podemos ayudarte a ti y, al hacerlo, ayudarnos a nosotros mismos. Eso es todo lo que podemos salvar en esta época, y también lo único que cuenta: un poco de ti en nosotros, Dios mío. Quizá también nosotros podamos sacarte a ti a la luz en los corazones devastados de los otros»[1].

A la luz de este descubrimiento personal de Etty, un año antes de ser deportada a Auschwitz, quiero mirar la relación de las mujeres con Jesús. ¿Cómo se ayudaron mutuamente a alumbrar a Dios, a sacarle a la luz en los corazones de los otros?

---

1. P. LEBAU, *Etty Hillesum, un itinerario espiritual*, Sal Terrae, Santander 2000, p. 110.

Normalmente en las exégesis, en las interpretaciones de los relatos evangélicos sobre mujeres, se subraya la novedad, el cambio, lo inesperado, incluso lo escandaloso de la relación de Jesús con las mujeres a los ojos de los varones judíos de la época y de los mismos discípulos. Se pone de manifiesto cómo Jesús las dignificó, cómo las sanó, cómo les devolvió su integridad, cómo les reveló los secretos del Reino, cómo se manifestó a ellas... y todo aquello que Jesús les mostró como receptoras privilegiadas de la buena noticia del Reino, como últimas que para él eran primeras. Los relatos nos dejan entrever su complicidad, la sintonía que había entre ellos, su capacidad de resonar y de comprenderse también en el silencio.

Por eso quiero poner el acento, o la melodía de fondo, en aquello que *se dieron* Jesús y las mujeres, en los aprendizajes mutuos que realizaron; lo que también ellas mostraron a Jesús de él mismo, de la realidad, de Dios y de los otros. Lo que Jesús descubrió del Reino a través de la dimensión femenina de la vida

¿Qué espacios abrieron las mujeres a Jesús? ¿Qué puertas se ayudaron a pasar mutuamente? Vamos a ahondar algunas de esas puertas que Jesús cruzó con las mujeres y que nos son ofrecidas hoy también a nosotras.

Es significativo, en los relatos evangélicos que tienen como protagonistas a mujeres, la importancia que cobra el cuerpo. Es como si ellas nos adentraran en esa dimensión que nos constituye y que es nuestra primera y principal puerta de acceso a cualquier experiencia de lo real. Jesús cruzó con las mujeres *las puertas de la corporalidad y del contacto.*

El cuerpo de las mujeres es «*lugar de Dios*»: eso les descubrió Jesús; pero era también para ellas el lugar por donde pasaba su discriminación: el ciclo menstrual que las hacía impuras, el abuso sobre sus cuerpos, que las marginaba y las juzgaba. Un cuerpo considerado débil, impuro y tentador. Para Jesús, en cambio, parece que *en forma de mujer* vienen los dones de Dios, pues siempre que Jesús es ungido, es una mujer quien lo hace. «Jesús, al tocar y al dejarse tocar, anula los códigos sociales y religiosos de su tiempo y proclama que los cuerpos de las mujeres no son un lugar impuro que necesite una purificación constante, sino un lugar de salvación»[2].

«*Si este fuera profeta, sabría qué clase de mujer es la que lo está tocando*» (Lc 7,39), pensó Simón el fariseo para sus adentros. «*¿Ves a esta mujer?*» (Lc 7,44), le preguntará Jesús ¿La ves de verdad? ¿Ves el don de su cercanía, de su hospitalidad?; ¿ves cómo todo su cuerpo se ha implicado en recibirme?; ¿puedes acoger sin escandalizarte su ternura, sus gestos de amor, su gran generosidad?

Las mujeres tuvieron, desde sus propios cuerpos vulnerados, un acceso único al cuerpo de Jesús: lo tocaron, lo ungieron, lo besaron. Es como si a través de ellas Jesús experimentara la cercanía, la proximidad y el contacto de ese amor incondicional del Padre: «*No me has lavado los pies* –le dirá Jesús a Simón el fariseo–, *no me has dado el beso de la paz, no ungiste con aceite mi cabeza... Ella, en cambio, ha bañado mis pies con sus lágrimas y los ha enjugado con sus cabellos; no ha cesado de besar mis pies; ha ungido mis pies con perfume*» (Lc 7,44-47).

Los encuentros de Jesús con las mujeres que recogen los Evangelios ocurren en la segunda etapa de la vida de

2. N. CALDUCH, *El perfume del Evangelio,* Verbo Divino, Estella 2008, p. 33.

Jesús, lo que llaman el *segundo viaje,* en su recorrido de madurez, que va geográficamente de Galilea hasta Jerusalén. Es el tiempo de la donación. Cuando queremos identificarnos con Jesús, estamos acostumbradas a contemplarle *dando:* entregando su tiempo, su afecto, su presencia sanadora, dando palabras de consuelo y de ánimo, denunciando las injusticias y los abusos de unos hombres sobre otros... Y todo eso era una realidad muy potente en su vida. Pero necesitamos contemplarle también *recibiendo,* en ese intercambio mutuo de saberes y de dones que él tuvo con algunas mujeres. Con ellas cruzó *las puertas de la receptividad y de la donación.*

Durante los primeros nueve meses de nuestra gestación, todo lo que somos es recibido. La vida en el vientre materno es pura receptividad. Somos en la medida en que tomamos. De esa recepción depende nuestro desarrollo. Vamos a fijarnos en cómo Jesús aprendió también a crecer en receptividad al amparo de algunas mujeres, sobre todo de aquella mujer pagana y extranjera que inclinó su cuerpo ante él para pedirle algo no para sí misma, sino para su hija enferma (Mc 7,24-30).

De las mujeres toma Jesús experiencias e imágenes para hablar del Reino: la mujer que pone la levadura en la masa (Lc 13,20-21), la que busca la moneda que había perdido y se llena de alegría al encontrarla (Lc 15,8-10). La dimensión femenina de la vida le evoca a Jesús las inmensas posibilidades que abre en nosotras la receptividad.

En nuestro mundo globalizado, en el epicentro de la herida Norte-Sur, en este entorno virtual que nos envuelve y configura, las mujeres continúan convocándonos a seguir a Jesús el de Nazaret, el que pasó haciendo el bien y expulsando demonios, *el que pertenece a los que no tienen a nadie;* y nos enseñan cómo servirle con toda nuestra corporalidad, sin dejar nada fuera: con toda nuestra energía, nuestro amor y nuestra pobreza.

En sus intercambios con Jesús, las mujeres fueron *sorprendidas, visitadas, sanadas, enviadas, se entregaron,* se supieron *sostenidas* y *bendecidas,* y por eso se convierten para nosotras en mistagogas, en conductoras hacia la experiencia de Dios y hacia las relaciones hondas con los otros. Jesús cruzó también con ellas *las puertas de la amistad y del agradecimiento.*

«*Yo soy la puerta*» (Jn 10,9), nos dice Jesús; y para él también Marta de Betania y su hermana María, la mujer con hemorragias, la cananea y la viuda pobre se convirtieron en puertas hacia la vida. Que aprendamos de las mujeres del Evangelio cómo abrir y cruzar esas nuevas puertas en el tiempo que nos toca vivir. Que ellas congreguen las voces que necesitamos oír dentro de nosotras.

«*He abierto ante ti una puerta* –dice Jesús– *que nadie puede cerrar*» (Ap 3,8).

> «Acércate a esta nueva puerta
> con gran confianza en tu corazón,
> porque tienes mucho que ofrecer.
> Abre cada nueva puerta con ánimo,
> teniendo tus sueños muy presentes...
> Sabiendo que el mundo está esperando
> la bondad y el amor que llevas contigo»[3].

---

3. Citado en J. Rupp, *Abre la puerta. Introspección en el verdadero yo,* Sal Terrae, Santander 2008, p. 211.

1

SORPRENDIDAS

1.1. Marta de Betania: habitar la propia casa

«Yo recordaba que muchas veces mi papá me había dicho que todo ser humano, la personalidad de cada uno, es como un cubo puesto sobre la mesa. Hay una cara que podemos ver todos (la de encima); caras que pueden ver algunos y otros no, y si nos esforzamos podemos verlas también nosotros (las de los lados); una cara que solo vemos nosotros (la que está al frente de nuestros ojos); otra cara que sólo ven los demás (la que está frente a ellos); y una cara oculta a todo el mundo, a los demás y a nosotros mismos (la cara en la que el cubo está apoyado)»[1].

🕮 ***Lucas 10,38-42:*** *«Una mujer, llamada Marta, lo recibió en su casa»*

Comenzamos con dos mujeres en el primer día de *Principio y Fundamento,* Marta de Betania y María de Nazaret. Las dos se encuentran *dentro de la casa.* Acoger la

1. H. ABAD FACIOLINCE, *El olvido que seremos,* Seix Barral, Barcelona 2006, p. 226.

invitación a entrar dentro, a nombrar cómo estamos, por dónde nos vienen *el trajín y los ruidos*. Poder presentir mi casa muy amada y reconocer al Huésped que en secreto la habita.

¿Qué nos llama la atención de Marta y María? En todos sus encuentros con Jesús a estas mujeres las hayamos «*en casa*», dentro de la casa. El primer movimiento es entrar al interior de mi propia casa, a esas estancias profundas que hay en cada una de nosotras. Recuperar la llave, entrar sin miedo, ir abriendo todas sus puertas.

Dicen que pasamos la vida buscando un lugar, aprendiendo el camino de regreso a esa condición que reconocemos como *habitar la propia casa*. Todas ansiamos un hogar donde poder ser nosotras mismas sin tener que esconder ni aparentar; un lugar donde las cosas puedan ser lo que son. *Cobijo y cercanía* es aquello que anhelamos.

Betania, *casa del pobre,* simboliza un lugar de nutrientes, de alimento en sentido amplio: afecto, distensión, sensibilidad, cuidados, atención, presencia y ternura. Para Jesús, Betania es un lugar de intimidad y de descubrimientos. Buscará en casa de estas mujeres *ser recibido*, en ese anhelo tan humano de compañía, hospitalidad, y contacto. «*Todos tenemos algo en común, a saber: una necesidad inmensa de intimidad. La intimidad es algo sagrado*» (Sobunfu Somé).

Vamos a detenernos en este *deseo de intimidad* que hay en nosotras y que también Jesús vivió. Este deseo de entrar en la casa interior de la otra persona y de ofrecer la nuestra a otros. Detrás de nuestros trajines emocionales hay un anhelo de comunión. Nuestra sociedad está construida alrededor del mito de la unión sexual como culminación de toda intimidad, pero necesitamos aceptar las limitaciones de la intimidad que podemos conocer ahora. El sueño de la comunión plena es un mito: cada ser humano conserva su soledad, un espacio a su alrededor que no puede ser eliminado. Ciertamente, ninguna persona puede ofrecernos esa plenitud de realización que deseamos. Dice Jean Vanier: «*La soledad es parte del ser humano, porque no existe nada que pueda llenar completamente las necesidades del corazón humano*».

«*Marta, Marta*»

Cuando aprendemos a convivir con la soledad, podemos descubrir también una hermosa intimidad con los otros. «Intimidad» viene del latín *intimare,* que significa estar en contacto con lo que está más al interior de otra persona. Intimar es sentir a alguien dentro del pecho y cerca del corazón. Queremos acercarnos al fondo de la vida de la gente; pero para estar en contacto con lo que está más interior en otra persona necesito estar en contacto conmigo misma, con lo más interior de mí.

Recordemos la escena de Betania y lo que dice Jesús: «*Marta, Marta, andas inquieta y agobiada por muchas cosas, y una sola es necesaria*» (Lc 10,41). ¿Quién de nosotras no habrá dicho muchas veces: «estoy hecha una Marta»? Yo lo decía para referirme al hecho de que andaba de acá para allá dispersa, agitada, sobrecargada... y nada presente. Sobre todo, *nada presente.*

Así dicen de ella: «Marta es esclava de la mirada de los demás, de su reputación –como el hijo mayor de la parábola–, se reseca en un deber en el que el deseo está ausente, en lo que piensa que los demás esperan de ella... Está aquí, pero le gustaría estar en otra parte; envidia lo que María vive, en lugar de construirse a partir de lo que ella es» (S. Pacot). Esto es una gran fuente de sufrimiento para nosotras: desear lo que otros viven en vez de dejarnos construir desde lo que somos cada una de nosotras. No tengo que ser otra, no tengo que cambiar: solo tengo que aceptarme así y dejar que Dios haga su obra de transformación en esta casa de mi vida que Él conoce hasta el fondo.

Si nos fijamos un poco más, en realidad Marta no le habla a Jesús de María, sino que la censura es hacia ella misma: parece que no se sintiera bien en su propia piel. El juicio de valor no lo hace Jesús, lo hace la propia Marta.

Jesús llama a Marta por dos veces, evocando el modo en que fue llamado Moisés ante la zarza ardiente, porque el lugar que ella pisa, su propia casa, es también sagrada, y hay en ella *un fuego que no se consume*. ¿Cómo irá Marta aprendiendo a descalzarse?

No es *por lo que es*, sino por lo que Marta *interpreta que es,* por lo que se crea inquietud en su interior: por cómo se mira a sí misma. Cree que María está siendo reconocida y ella no; cree que es mejor para Jesús ser escuchado que ser servido; cree que María vive una mayor intimidad.

Podemos intuir que Jesús sigue a Marta con una mirada de cariño en su ir y venir, pero Marta *se siente sola en el servicio*, no experimenta esta presencia como compañía, se siente mal por no poder estar ella también sentada a los pies de Jesús y se agita expresando su necesidad: «*Dile que me ayude*» (v. 40).

Jesús la atrae hacia sí: «*Marta, Marta*» (v. 41); ella es doblemente querida; es como si quisiera decirle: «no te preocupes por lo que haces o dejas de hacer; lo único necesario es que yo estoy aquí para ti. Me gusta lo que haces».

El deseo de Jesús es que Marta viva acompañada y aquietada con él en la casa. Atenta, consciente: «No te inquietes, Marta; está bien que sirvas, pues estoy del mismo modo contigo que estoy con María. No necesito que estés sentada a mis pies para amarte más. Lo que quiero es que puedas sentir mi amor hacia ti, en ti, mientras trabajas». Los errores duelen, pero también nos enseñan, y Marta va a aprender de lo que ha vivido en este momento, va a aprender a vivir bajo el signo de la bendición.

Vivir bajo el signo de la bendición

En la Biblia, el primer contacto entre Dios y el ser humano nacen en el horizonte de una bendición; Dios se acerca a nuestras vidas para bendecirlas (Gn 1,28).

¿Qué significa recibirnos de esta bendición? Que en el origen de cuanto soy hay una mirada que me acoge con toda mi realidad latente y me hace existir. *He venido a la vida por el deseo y la mirada de bondad de Otro.* Eso es lo que constituye mi verdad última. No me doy la vida a mi misma; recibo mis genes y el regalo precioso de la libertad para ir tejiendo mi historia.

Vamos a mirar ahora los cuerpos de estas dos mujeres, porque los cuerpos muestran. El cuerpo no es solo algo que poseo; es mi ser como don recibido de mis padres, y de sus padres antes de ellos, y en última instancia de Dios. ¿Cuál de los dos cuerpos nos evoca más el cuerpo de Jesús? Si recorremos los evangelios, a él lo encontramos la mayoría de las veces en camino, en movimiento hacia los otros: tendiendo sus manos, aliviando sufrimientos, compartiendo comidas, sirviendo... En realidad, ¿no es la corporalidad de Marta la que está más configurada con la del mismo Jesús? ¿Qué nos es más fácil: vivirnos unificadas cuando nos tomamos un tiempo de retiro, cuando nos sentamos a orar, o cuando estamos en el trajín de la vida? Y el don es para la vida.

Somos mujeres en proceso, la vida es movimiento y cambio continuo. La única cosa fija del planeta es ¡la idea fija! En la naturaleza no hay nada definitivo; todo es temporada, paso y transformación. Incluso las montañas están en camino.

En nuestro momento presente y a lo largo de toda nuestra vida, necesitamos vivirnos como *mujeres en proceso;* ello implica tiempo y transformación. Estoy en camino de ser yo misma, no estoy terminada, acabada. Soy más que la historia de mi vida, que el trabajo que he ido haciendo en mí, más que lo que otros dicen de mí; el misterio de mi identidad está escondido en el amor y la misericordia de Dios.

Jesús llama a Marta para que no se identifique más con su función, con sus quehaceres, sino que progrese hacia su «yo profundo». Le recuerda que también es amada, que tiene valor, pero que *es ella misma la que tiene que escoger la vida,* que nadie podrá realizar este acto en su lugar, que cada uno es responsable de su propia vida. ¿Y si la invitación fuera a ser *Marta completa*, a poder desplegar todo nuestro ser y a salir de las redes de las comparaciones?

Un centro de disponibilidad y amor

El aprendizaje que va a hacer Marta es el de acoger lo que viene y acogerse a sí misma soltando aquello que provoca *los ruidos:* la comparación, el juicio, el rechazo, la queja... y entrando en la realidad desde un silencio que respeta. «El exceso de ruido obstaculiza el camino del corazón y hacia el corazón. El exceso de ruido no proviene de la actividad, sino del activismo, es decir, de un modo tenso y nervioso de hacer las cosas» (J. Melloni).

Hacer lo mismo que hace desde *ese lugar interior*, con *un corazón despierto*. Las cosas aparentemente se desarrollan igual, pero nosotras estamos situadas distintas y somos capaces de dar la bienvenida a lo que acontece, aunque no podamos alcanzar a comprenderlo del todo.

¿Y si elegir la *mejor parte*, la parte buena, fuera vivir desde este centro, acoger lo de Dios en nosotras en toda realidad, a través de todas las cosas? Así lo intuía sencillamente Etty Hillesum:

> «Me arrodillo de nuevo sobre la áspera alfombra de coco, con las manos cubriéndome el rostro, y oro: Señor, hazme vivir de un único gran sentimiento. Haz que yo cumpla amorosamente las mil pequeñas acciones de cada día y, al mismo tiempo, lleve todas estas pequeñas acciones a un único centro, a un profundo sentimiento de disponibilidad y amor. Entonces lo que haga, o el lugar en que me encuentre, no tendrá ya mucha importancia»[2].

A ese profundo *centro de disponibilidad y amor* irán siendo conducidas estas mujeres; a esa parte buena que no les podrán quitar ni robar.

---

2. P. LEBAU, *op. cit.*

Tomarme el tiempo para bajar a mi casa, recorrer sus estancias, mirarla; asomarme al misterio de mi propia vida habitada: «*cada ser humano que nace en el mundo es una revelación única e irrepetible de uno de los nombres ocultos de Dios*» (Ibn Arabi).

ORAR CON MARÍA DE BETANIA

La invitación es a entrar en mi propia casa, a recibir a esa Presencia mayor que la habita, que viene a ordenarla y a ensancharla. Acogerme tal y como me encuentro, no como creo que debería encontrarme, sino con todo lo que traigo. Acogerme en mi casa a mí misma, para poder recibir a otros. Conocerla, respetarla, disponerla... para poder ofrecer ese lugar de intimidad y profundidad que hay en mí.

📖 ***Lc 10,38-42:*** *«Yendo de camino, Jesús entró en un aldea, y una mujer llamada Marta lo recibió en su casa».*

– Reconocer que muchas veces ando corriendo alrededor de la casa y no me tomo tiempo para entrar en ese lugar secreto desde el que soy yo misma, donde están las fuentes de mi vida. Bajar hoy a ese lugar.

▸ ***Escuchar cómo Jesús me dice:*** *«Baja, porque hoy quiero alojarme en tu casa»* (Lc 19,6).

«Una persona sin casa es una persona dispersa y perdida. Cada casa tiene el espíritu y el alma de quien la ha habitado. La casa rezuma lo que en ella se ha vivido: alegrías, dolores, despedidas, encuentros... La casa que somos la hace el que allí habita: Dios. Nuestro silencio es apertura al ser divino que está en nuestra casa. En una casa todo se comparte: las horas de dicha y las tristezas, todo se celebra en la casa, ese amor que se hace presente en esas situaciones tan diversas de nuestra existencia. Entrar en la casa es regresar al corazón de mi vida. En ese lugar donde encuentro sostén y reposo. Descansamos al entrar en el corazón... Aún no hemos puesto las manos en todos los lugares de nuestra casa, poner las manos es poner el amor».

(J.F. Moratiel)

- ***Adéntrate en el interior de tu casa*** a través de la respiración, con las llaves de la soledad y del silencio.

- ***Reconociéndola:***
  - ¿Cómo está mi casa en este momento de mi vida? ¿Cuáles son sus cimientos? ¿Sobre qué se apoya?
  - ¿Guardo cuartos cerrados en ella que me cuesta abrir, en los que apenas puedo entrar?
  - ¿En qué habitaciones, en qué lugares de la casa estoy la mayor parte del tiempo?

- ***Habitándola:***
  - Miro a Marta y me pregunto: En lo que vivo, en lo que hago ¿me gasto compulsivamente o me voy viviendo centrada, presente en donde estoy? ¿Qué me tiene dispersa y agitada, viviendo fuera de mi centro?
  - ¿Qué necesito para salir de la rueda de las comparaciones, de la queja, del juicio rápido, de los ruidos?
  - ¿Cómo me doy alimento y descanso a nivel psicológico, corporal y espiritual para no caer en el activismo?

- **¿Qué nombres quiere poner el Señor a mi casa?**
  - ¿Lugar de descanso, de encuentros, casa de paz, casa de memoria buena, casa para aprender a envejecer, casa para iniciar otros viajes o iniciar otros caminos...? ¿Qué nombre le da él a esta etapa de mi vida?

Saborea e interioriza:

«Si el Señor no construye la casa,
en vano se afanan los constructores» (Salmo 127,1).

«Dios da a los desvalidos el cobijo de una casa» (Salmo 68,7).

«Yo soy el Señor, tu Dios, el que te ha sacado del país de Egipto de la casa de la servidumbre... a la casa de la libertad» (Dt 5,6).

«Por la abundancia de tu amor entro yo en tu casa» (Salmo 5).

«Mi casa está en ruinas pero Tú, Señor, vives en ella» (T. Merton).

«En la oración descubrimos una y otra vez que el amor que estamos buscando ya nos ha sido dado, y que podemos tener experiencia de él. La oración es entrar en comunión con el que modeló nuestro ser en el vientre de nuestra madre con amor, solo con amor. Allí, en el primer amor, está nuestro verdadero yo; un yo no hecho de los rechazos y las aceptaciones de aquellos con quienes vivimos, sino sólidamente enraizado en aquel que nos llamó a la existencia. Fuimos creados en la casa de Dios. Somos llamados a regresar a esa casa. La oración es el acto de regreso» (H. Nouwen).

- ***Acaba agradeciendo*** que es el mismo Señor el que construye nuestra casa, conoce sus planos y habita silenciosamente en ella.

«La luz de mi casa viene de dentro...
El orden viene siempre de dentro...
Toda la naturaleza se abre desde dentro...»

1.2. Miriam de Nazaret: criatura amada capaz de amar

«Nadie se daba cuenta de ella en el ir y venir de los pasillos y salas. En el mundo de la pasarela, aquellos cuerpos perfectos, o casi perfectos, se movían con una gracia envidiable.

Ella limpiaba todo lo mejor que podía y recogía los restos del descuido de los cisnes.

Su figura era la antítesis: con sus piernas arqueadas, que ocultaba debajo de largas faldas, su espalda algo encorvada, sus pechos pequeños, casi invisibles...

¿Quién se iba a fijar en ella? ¿Quién iba a decirle un piropo? ¿Quién le regalaría una flor al pasar? ¿Quién le pediría un baile o un autógrafo?

Y, con todo eso, lo que no había llegado a comprender todavía era cómo se sentía tan extrañamente feliz siendo solo ella misma y nadie más»[3].

🕮 *Lucas 1,26-38: «Has hallado gracia»*

Necesitamos aprender a descalzarnos ante la tierra de nuestra vida, que es sagrada, porque en ella habita una Presencia mayor. Situarnos con reverencia ante la vida significa reconocer a un Creador, un Señor, un Dueño. No nos damos la vida a nosotras mismas, la recibimos de Otro. Reconocer que todo es don y que lo que realmente importa en la vida solo podemos esperarlo y acogerlo.

«Experimentamos y contemplamos, año tras año, la transformación de la naturaleza a través de sus ciclos naturales

---

3. M. MÁRQUEZ, *Amanece en Malpica. Cuentos para despertar*, Monte Carmelo, Burgos 2003.

y la belleza de cada estación. Pero nuestras sociedades esconden la enfermedad, la fragilidad, el dolor, la muerte. Sin embargo, para crecer necesitamos mirarlas de frente. El camino de integración pasa por ir experimentando que vivimos, como el resto de la naturaleza, un proceso transformador» (V. Madoz).

Recuperar el sentido de ser criatura, la humilde aceptación de nuestra creaturidad al mismo tiempo frágil y llena de posibilidades porque nos abre al Origen de la Vida, al Dios creador, amigo de la vida (Sab 11,26), que llevamos en el interior y que sigue apostando por la nuestra.

María, Miriam de Nazaret, está en casa cuando se deja sorprender, cuando va a recibir una mirada nueva y un sentido nuevo de lo que su vida había sido, y deja que Dios la recree entera, la bendiga hasta el fondo.

Criatura amada, capaz de amar

Nuestra verdad fundamental no es solo nuestra condición de criaturas, sino que esa criatura es infinitamente amada. Pensamos que necesitamos ser buenas para que Dios y los otros nos quieran, y nos cuesta aceptar que Dios no nos ama porque seamos buenas, sino que nos ama por el hecho de habernos regalado la existencia. Su amor precede mi vida y mis pasos, está al principio, en medio y al final del camino: esta fue la experiencia de María. Vamos a *abrirnos a cómo lo hizo Dios en ella*. Contemplar esto es fuente de enorme esperanza, porque fue en proceso, poco a poco, *viniendo*. Hubo un tiempo, un espacio y un modo de preparar su venida que muestran a Dios dispuesto a regalarse y a sorprendernos.

¿Visitó antes el ángel a otra mujer de la casa de Israel? No lo sabemos. Solo sabemos que Dios necesitó el permiso de María para hacerse concreto en Jesús. Desde entonces toda mujer es buena. Toda mujer es potencialmente engendradora del amor de Dios en la tierra.

Las mujeres llevamos en nuestro cuerpo un espacio adecuado para que la vida nos habite: eso es clave en nuestro *Principio y Fundamento*. Algunas no seremos esposas o madres; sin embargo, nuestros cuerpos saben de los procesos, los ritmos y los ciclos de la vida. Tenemos un cuerpo abierto al encuentro, signado temporalmente por la sangre, una capacidad interna y externa de llevar, liberar y nutrir la vida[4]. Volver a esa Fuente que nos posibilita para gestar la vida, para portarla y alimentarla.

El «*hágase*» de María recoge el «*hágase*» de Dios en la creación. Con su *fiat*, su *sí*, algo empezó a germinar en sus entrañas. El «*hágase*» de María es generativo de procesos de vida. ¿Podría dar yo un «*sí*» a mi vida en este momento?; ¿podría pronunciar un «*hágase*» a la vida tal y como es?

Dicen que necesitamos *tres síes más uno* para crecer, para ser lo que somos: dos los recibimos, y los otros dos los damos. El *primero* que recibimos, y a veces el último que descubrimos, es el *sí* primero de Dios a nuestra vida

4. Gioconda Belli lo expresa hermosamente en su poema «Maternidad»: «Mi cuerpo, / como tierra agradecida, / se va extendiendo. / Ya las planicies de mi vientre / van cogiendo la forma / de una redonda / colina palpitante, / mientras por dentro, / en quién sabe qué misterio de agua, sangre y silencio, / va creciendo como un puño que se abre / el hijo que sembraste / en el centro de mi fertilidad» (G. BELLI, *El ojo de la mujer,* Visor, Madrid 2007).

con todo, la afirmación honda que nos tiene en la existencia. En este *sí* de puro amor respiramos y somos.

El *segundo* es el de aquellos que nos tomaron en brazos al nacer, nuestros primeros cuidadores: nos alimentaron, nos protegieron, nos acompañaron con lo mejor de ellos y también con sus heridas. Su *sí* nos ha permitido crecer y ocupar nuestro lugar único en el mundo.

El *tercer sí* lo damos. Este a veces nos cuesta más. Es el *sí* que nos ofrecemos a nosotros mismos, la asunción de la propia vida en su espesor, en su ambigüedad, con los avatares de su historia, y también con toda su belleza y sus posibilidades aún por estrenar.

El *cuarto sí* es el que nos hace más parecidas a Dios. Es el *sí* que entregamos a los otros para afirmar sus vidas también con todo, sin dejar nada fuera, una afirmación que sana y que potencia. Es el *sí* que Isabel dio a María cuando esta fue a visitarla. Está hecho de reconocimiento, de respeto y de alegría por el trabajo secreto de Dios en cada uno: «*Dichosa tú, dichoso tú*».

Aceptada incondicionalmente

María fue una mujer dispuesta a escuchar su corazón, a percibir lo que acontecía en su interior. Necesitamos aprender de ella a dirigir la atención hacia la intimidad del alma y a reposar en nuestro centro. Nada penetra en nosotras desde fuera; el conocimiento se halla en nuestro interior; las transformaciones ocurren en el interior. En ese centro interior nos encontramos con nuestro núcleo, con lo que por esencia somos. Allí podemos desentendernos de la necesidad de dar la talla, de la aprobación de los demás; allí podemos ser nosotras mismas.

La escritora Esther Harding, tras haber investigado el significado de la palabra «*virgen*», lo explica así:

> «Virgen es la mujer que se halla en armonía consigo misma, que hace lo que hace, no porque quiera caer bien, o desee ser estimada o busque atraer la atención o el amor de otra persona, sino porque lo que hace es verdadero, porque es acorde con su ser más íntimo»[5].

Una de nuestras necesidades básicas es ser aceptadas, ser apreciadas. Necesitamos ser amadas para vivir. Pero ¿qué significa ser amada? Fundamentalmente, sentirme aceptada por lo que soy. Esta aceptación me da un sentido de auto-estima, un sentimiento de dignidad, una sensación del valor de la propia vida De nuestras compulsiones nos sana el amor incondicionado que Dios nos tiene. Me ama como soy, no como tendría que ser. Solo puedo caminar desde mi punto de partida, y es necesario aceptar las cosas como son. No tengo que intentar ser otra, no me van a querer más por eso; tengo el derecho y el regalo de dejarme ser desde la persona que soy. No tengo que andar empinándome ni escondiendo zonas de mi vida; puedo ser yo, y no pasa nada. Todo lo mío está bajo su mirada, estoy bien hecha para la relación con él y con los otros. Me ha regalado este cuerpo, mi sexualidad, mi temperamento, los genes heredados. «*No temas, alégrate... a Dios le has caído en gracia*», y viene a despertar nuestra vida profunda que estaba dormida y a rescatarnos de la imagen que tenemos de nosotras mismas o que tienen otros.

---

5. M.E. HARDING, *Los misterios de la mujer,* Ediciones Obelisco, Barcelona 2005.

Es este «*sí*» hondo a nuestra vida, esta aceptación, la que nos permite desarrollar nuestras potencialidades porque alguien cree en nosotras, decir «*sí*» a las nuevas dimensiones que quieren emerger en nosotras. Cuando somos apreciadas por lo que hacemos, dejamos de ser únicas, porque alguien puede venir y hacer lo mismo, o quizás hasta mejor; pero cuando una es amada por lo que es, entonces llega a ser única e irremplazable.

«*Vio Dios todo lo que había hecho, y era muy bueno*» (Gn 1,31). Volver a esta mirada sobre mi vida, a esa mirada de amor que descubrió María.

Creada para alabar

Vivirme como criatura amada con un proyecto: «*he sido creada para alabar, hacer reverencia y servir a Dios nuestro Señor...*» (EE 23), y todo lo demás «*en tanto en cuanto*» nos ayude a esto; la indiferencia frente a todo lo demás y elegir lo que más nos conduce para el fin para el que hemos sido creadas.

Me entero de que soy criatura amada y de lo que tengo que hacer para vivir esto, de elegir las cosas *en tanto-en cuanto*, de hacerme indiferente. «Más que un intento ascético de la voluntad por tener indiferencia ante las cosas, se trata de tener un apasionamiento tan grande por *otra cosa* que todo lo demás quede a la sombra de esta pasión, y desde ella pueda desear y elegir lo que más me conduce al fin. Que el deseo de Dios, por el cual me ha creado, y mi propio deseo lleguen a coincidir. No es que las cosas aparezcan como obstáculo entre Dios y yo, sino que de lo que se trata es de incorporarlas adecuadamente al servicio, de integrarlas hacia Dios» (J.A. García).

Somos criaturas a las que se hace el precioso regalo de la libertad. Dios nos ha hecho capaces de amar y de ser libres. Lo principal en nuestra vida no es renunciar, sino elegir, y elegir bien desde el amor. Estar aquí-y-ahora de una forma incondicional, poder amar no solo a las personas, sino a «*lo que es*» en nuestra vida.

Pedirle a María que nos enseñe cómo lo fue haciendo ella o, mejor, cómo dejó que Dios lo hiciera en ella. El *Principio y Fundamento* afectivo se va tejiendo a través de experiencias de ser llamadas por Dios a la existencia, de ser creadas y de ser bendecidas junto con toda la realidad. Caer en la cuenta de que formo parte de este mundo al que Dios ama tanto. Criatura preciosa entre las demás criaturas. Saberme creada para alabarle, para servirle en los rostros más heridos; para reverenciarle alegre y silenciosamente en cada ser vivo de Su creación.

Escribe Dag Hammarskjöld:

> «Al reposar en el centro de nuestro ser, vamos al encuentro de un mundo en el que todo reposa en sí mismo de la misma manera. Entonces se vuelve el árbol un misterio, la nube una revelación, y el hombre un cosmos cuya riqueza solo vislumbramos»[6].

6. D. HAMMARSKJÖLD, *Marcas en el camino,* Trotta, Madrid 2009. Hammarskjöld fue Secretario General de la ONU entre abril de 1953 y el 18 de septiembre de 1961, en que falleció en un accidente.

Junto a Miriam de Nazaret

Dedica un tiempo a *sentir* lo creado. *Capta* la vibración de la naturaleza. *Escucha* el silencio, el viento; distingue los sonidos. *Mira* el paisaje, el cielo, lo pequeño. *Respira* y trata de identificar los olores. Afina tu sensibilidad al tacto del sol, a la brisa, a las sombras.

🕮 *Orar con mi propia historia*

Hacer memoria, volver a pasar por el corazón mi historia de salvación. La voy releyendo *bajo el signo de la bendición*: desde el vientre de mi madre y mi infancia, la adolescencia y juventud, el tiempo de la madurez y la vida adulta, acoger y revivir aquello que me fecunda.

- ¿Cuál es el modo en que Dios me ha ido llevando?
- ¿En qué momentos, etapas, lo he sentido acompañándome, ayudándome a crecer, liberando...?
- Detrás de cada etapa, con sus dolores y sus frutos, voy pronunciando: «*Todo lo ha hecho Él*».
- Recibo una nueva historia, escrita desde su mirada. Pido poder aceptar mi vida tal como ha sido, tal como es; y la abrazo agradecida, porque Dios mismo la ama así, con todo lo que la integra.
- ¿Puedo pronunciar internamente un «*hágase*», un «*sí*» a mi historia en su totalidad, sin dejar nada fuera, asumiendo en Él todo?

🕮 *Orar con la Palabra*

Is 62,1-5: *«Te pondrán un nombre nuevo, pronunciado por la boca del Señor».*

Is 54,10: *«Aunque los montes cambien de lugar, no cambiará mi amor por ti».*

Lc 1,26-38: *«Alégrate, llena de gracia, el Señor está contigo».*

María fue una mujer dispuesta a escuchar en su interior. Necesitamos aprender de ella a dirigir la atención hacia la intimidad del alma y a reposar en nuestro centro.

- *«No temas, pues Dios te ha concedido su favor»* (Lc 1,30).
- *«Vio Dios todo lo que había hecho y era muy bueno»* (Gn 1,31).

Volver una y otra vez a esa voz, a esa mirada sobre mi vida. A la mirada que descubrió María.

- ***Contempla a María:*** Mira cómo ella recibe, cómo se abre, cómo está presente a lo que acontece, cómo teme y confía a la vez.
  - Dialoga con ella, imagina que vas a Nazaret a contarle cómo estás en este momento de tu vida y deja que ella también te diga algo.

- ***«He sido creada para alabar, hacer reverencia y servir a Dios nuestro Señor».***
  - *Alabar:*

    ¿Y si yo fuera capaz de vivir en alabanza, de introducir lo gratuito en mi vida?

- *Hacer reverencia:*

  ¿Y si yo fuera capaz de vivir respetando a los otros y a Dios, respetando su libertad, sin pretender usarlos jamás para mis propios intereses?

- *Servir:*

¿Y si yo fuera capaz de salir de mí colocando el servicio a los demás en el centro de mi vida?

2

VISITADAS

2.1. Mujeres en la genealogía de Jesús: Honrar nuestras raíces

«En la genealogía de Jesús que ofrece el evangelio de san Mateo figuran cuarenta y seis antepasados: cuarenta y un hombres y cinco mujeres.

Una de las cinco mujeres, María, concibió sin pecado, como bien se sabe. Pero las otras que figuran en el abolengo son:

Tamar, que para tener un hijo con el suegro se disfrazó de prostituta.

Rahab, que ejercía ese oficio en la ciudad de Jericó.

Betsabé, que estaba casada con otro cuando engendró a Salomón en el lecho del rey David.

Y Rut, que no pertenecía a la raza elegida y fue por eso indigna de la fe del pueblo de Israel.

Tres pecadoras y una despreciada: malditas en la tierra habían sido las abuelas del hijo del Cielo»[1].

1. E. GALEANO, *Bocas del tiempo,* Editorial Siglo XXI, Buenos Aires 2010.

📖 ***Mateo 1,1-16:*** *Rajab, Tamar, Rut y Betsabé*

Las relaciones que establecemos son clave para atinar con el viaje de nuestra vida. Dicen que la calidad de vida depende de la calidad de nuestras relaciones; y la calidad de nuestras relaciones tiene que ver con la calidad de nuestra comunicación. «*Sé que existo si me nombras tú*», reza una canción de Ana Belén. Empiezo a existir porque hay otros que me dan la existencia. Todos pertenecemos a un entramado de relaciones de los que formamos parte a lo largo de nuestra vida, sea forzosamente o sea por elección: la familia de origen, nuestros padres y hermanos, la red familiar, formada por los demás parientes, las relaciones libremente elegidas; la relación de comunidad, la relación de pareja, las relaciones con los propios hijos y la relación con el mundo como un Todo.

En estos sistemas de relaciones se da además una compleja interacción de necesidades fundamentales: la *necesidad de vinculación*, de establecer vínculos que nos mantengan unidos unos con otros, la necesidad de mantener un *equilibrio entre dar y tomar,* y la necesidad de *encontrar seguridad* en nuestras relaciones sociales. En ellas se refleja y se cumple la necesidad fundamental de todo ser humano de relacionarse íntimamente con los otros (B. Hellinger).

En el modo de saludar africano preguntan al conocer a alguien: «*¿Quién eres, hermano? ¿De qué poblado vienes? ¿A qué tribu o a qué comunidad perteneces?*».

Nos hace bien reconocer que lo más precioso que tenemos en la vida lo hemos recibido:

> «Tenemos la vida gracias al don de otras personas, a través de la procreación, de la gestación y del alumbramien-

to. Vivimos gracias a las bondades de la naturaleza y gracias al trabajo, la generosidad y la compañía de otros seres humanos. Somos educados merced a la donación de sí mismos que hicieron nuestros maestros. Somos sustentados constantemente gracias a una serie de dones: el amor, el perdón, la reconciliación, el placer. Nuestra vida entera es el fruto de los dones recibidos, y nosotros mismas contribuimos con nuestros dones a la vida de los demás» (W. Countryman).

Las raíces de nuestra vida

Dicen que las cuatro relaciones centrales de nuestra vida, aquellas en las que se gesta nuestra relación con Dios, son las que establecemos con nosotras mismas, con las personas significativas, con los demás y con todo lo que nos rodea. Y en estas cuatro relaciones vamos madurando a través de cuatro llamadas a la vida: La primera es la llamada a la *identidad* o a descubrir nuestro yo único; después viene la llamada a la *intimidad,* a dar a conocer ese yo interno. A continuación nace la llamada a *ser generativas,* a ocuparnos de los otros y de nuestro ambiente; y, finalmente, llega la llamada a la *integridad,* a apropiarnos el ser que somos, nuestro único e irrepetible sabor.

Estas llamadas las vamos trabajando a lo largo de nuestra vida. En este segundo capítulo continuamos orando nuestra *identidad.* Es lo que Jesús descubre en la experiencia fundante del bautismo. «*Tú eres...*» (Mc 1,11), y ese *ser* se revela como amado.

Seguimos en la experiencia de *Principio y Fundamento* porque hay maneras de relacionarnos que también nos conducen más al fin para el que hemos sido creadas.

Ahora ponemos el acento en nuestra dimensión relacional, en nuestro primer círculo de relaciones.

En casi todas las lenguas, la palabra «*casa*» significa, además del edificio donde las personas habitan, familia y estirpe. La casa de cada uno no se podía construir nunca al margen de la de los demás. Jesús pertenecía a «*la casa de David*». A través de las mujeres que aparecen en el árbol genealógico de Jesús –*Tamar, Rajab, Rut y Betsabé* (Mt 1,1-16)– tomamos nuestras raíces. Un *buen judío* habría quitado estos nombres de mujeres de su genealogía. Jesús asume todo, no rechaza nada de sus raíces. Un proverbio africano dice: «*Si el árbol quiere florecer, que honre a sus raíces*».

Es un tiempo de honrar las relaciones que han dado cimiento a nuestra vida: los padres, los hermanos, los demás parientes. Poder tomarlos, reconocerles su lugar en nuestra casa.

El amor tiene muchos registros, muchas facetas, y la más básica es la capacidad de reconocer la bondad esencial de los otros, de aceptar sus limitaciones, de apreciar sus dones y de preocuparnos por su bienestar. No podemos vivir el amor en un solo ámbito, lo experimentamos física, psicológica y espiritualmente, y en cada uno de esos ámbitos lo vivenciamos de forma distinta. Los tres ámbitos se hallan relacionados y actúan conjuntamente. Sin embargo, el peso y el sentimiento del amor son diferentes cuando lo vivimos en el ámbito físico que cuando lo hacemos en el psicológico o en el espiritual.

El *amor físico* se experimenta en lo cercano. El *amor psicológico* va más allá. Trasciende lo cercano; se muestra en la benevolencia hacia los otros, en la predisposición para la ayuda, en la capacidad de compartir y participar en la alegría y en la tristeza. El *amor espiritual* está más allá del amor físico y del amor psíquico: es amor del alma, se mueve con el movimiento del Espíritu. Es un amor sin exigencias ni expectativas. Simplemente, es; simplemente, está ahí. Sin querer nada. El amor del alma percibe el movimiento del Espíritu; por eso puede dejar que todo sea como es. Es el amor al que canta Pablo en la primera carta a los Corintios (1 Cor 13,1-13).

En nuestro viaje hacia el ser que somos, estamos en el buen camino cuando caminamos con ese amor del Espíritu. Un amor que supera lo que nos separa. Sobre todo, supera las imágenes que nos separan de los otros. El amor del alma no tiene intención, está a disposición del Espíritu; por eso se vivencia como sanador. Este amor pasa por nuestros sistemas relacionales, y es muy importante el primer círculo, nuestra familia de origen.

Tomar a nuestros padres[2]

«Las relaciones que nos constituyen, son el tejido por el que circula nuestra apertura a Dios, y es muy importante trabajar bien el primer círculo, nuestro primer sistema de relaciones, nuestra familia de origen. Dar un lugar a todos los miembros de nuestra familia, tomar al padre y a la madre. Nuestra familia (padres, abuelos, tíos...) son los transmisores de la cultura, los valores, la fe, los conocimientos.

---

2. Lo relacionado con este tema lo he tomado de las lecturas en torno al trabajo de Bert Hellinger (sobre todo de B. ULSAMER, *Sin raíces no hay alas,* Luciérnaga, Barcelona 2006), y del material de la psicóloga Mª Gracia CAVESTANY en un taller que impartimos conjuntamente.

Al dar la vida, los padres se dan ellos mismos, y los hijos deben tomar y honrar a sus padres. El rechazo total o parcial de un progenitor lleva a tener dificultades para tomar plenamente la vida que recibimos de ellos. Tomando plenamente a mis padres, tomo plenamente la vida. Tomando a mis padres, puedo dejarles para hacer mi proyecto.

Aquello que los padres hacen en un principio cuenta más que lo que hacen más tarde. Lo esencial que viene de los padres viene a través del engendramiento y el parto. Todo lo que sigue después es añadido y puede ser asumido por otras personas.

Una hija solo puede estar en paz consigo misma, encontrar su identidad, si está en paz con sus padres. Significa que los toma y los reconoce tal como son. El tomar al padre y a la madre es un proceso independiente de las cualidades que se puedan tener y es un proceso curativo. No puede ser que se distinga: esto sí quiero tomarlo y esto no. A los padres se les toma tal como son. Si asentimos a nuestros padres, podemos asentir a nuestra vida.

Todas las personas que nacieron en una familia deben ser reconocidas y deben tener un sitio digno y honroso. Simplemente porque sí. No solo porque lo merecieran o no. Si la familia está completa, la persona se siente completa. No se refiere solo a miembros vivos. Nadie puede ser excluido ni olvidado por ningún motivo.

La persona debe aceptar la historia familiar y personal tal como fue. Con todo lo bueno y lo malo. Lo triste y lo alegre. Lo amargo y lo dulce. Muchos sufrimientos vienen de no ser capaces de decir "sí" a hechos que ocurrieron en el sistema familiar, en la historia familiar. Hay que conseguir un "sí" a la vida que nos brota de dentro. Un sí a lo que somos, a lo que recibimos y no recibimos.

Una persona está completa cuando puede dar este "sí"».

Miramos cómo la existencia de Jesús aconteció en un sistema familiar concreto. Jesús asume sus raíces, toma todo de su historia familiar, integra todo lo humano, con sus heridas y sus fracasos, sus alegrías, sus potencialidades. Toma con amor su árbol genealógico. También Jesús tuvo su memoria familiar de dolor y de gozo, y ponemos la nuestra junto a la suya.

Acogemos la invitación a tomar la vida que hemos recibido de nuestras dos fuentes, nuestro padre y nuestra madre, y de aquellas personas a las que nos hemos ido vinculando familiarmente en esa casa más amplia a la que pertenecemos.

La fiesta

> «Alguien se pone en camino y, al mirar hacia delante, a lo lejos distingue la casa que le pertenece. Sigue caminando hacia ella y, al llegar, abre la puerta y entra en una habitación preparada para una fiesta.
>
> A esta fiesta vienen todos los que fueron importantes en su vida: y todo el que viene trae algo, se queda un tiempo... y se va.
>
> Así pues, vienen a la fiesta cada uno con un regalo por el que ya pagó el precio entero sea como fuera: la madre-el padre-los hermanos-un abuelo-una abuela-el otro abuelo-la otra abuela-los tíos y las tías-todos los que hicieron sitio por ti-todos los que te cuidaron-los vecinos quizás-amigos-maestros-parejas-hijos: todos los que tuvieron im-

portancia en la vida y los que aún la tienen. Y cada uno llega, trae algo, se queda un poco y se va.

Al igual que los pensamientos que llegan, traen algo, se quedan un poco y se van. Y al igual que vienen los deseos o el dolor. Todos traen algo, se quedan un poco y se van. Y también la vida: viene, nos trae algo, se queda un poco y se va.

Después de la fiesta, la persona se encuentra colmada de regalos, y solo permanecen a su lado aquellos a quienes les corresponde quedarse aún un tiempo. Así, se acerca a la ventana y se asoma: allí ve otras casas, sabe que un su día también allí habrá otra fiesta, y él irá, llevará algo, se quedará un poco, y se irá» (Bert Hellinger).

Orar nuestras raíces

📖 ***Mt 1, 1-16:*** *Genealogía de Jesús*

Tamar (Gn 38,1-30).
Rajab (Jos 2,1-21; 6,17-25).
Rut: «*Hija, quiero buscarte un lugar donde vivas feliz*» (3,2).
Betsabé (2 Sam 12,1-24).

– Podemos comenzar un rato de oración ahondando en alguna de las historias de estas mujeres que están incluidas en el árbol genealógico de Jesús.

▸ ***Honrar la vida recibida:***

Vamos a traer al corazón a las personas que forman parte de nuestra familia, presentes y ausentes, o presentes de otro modo. Vamos a tomarlas, a recibirlas y también a agradecer sus dones. A hacerles un sitio en nuestro corazón.

- A través de la respiración, hago silencio exterior e interior, y me dispongo en su Presencia.
- Visualizo interiormente los miembros que yo considero de mi familia de origen (padres, hermanos, abuelos, tíos...) y voy escribiendo sus nombres.
- Pienso en mi historia familiar, en los hechos más importantes que sucedieron, alegres o tristes. ¿Qué siento mientras pienso en esto? ¿Me hace sufrir o me da alegría? También Jesús tuvo su memoria familiar de dolor y de gozo. Pongo la mía junto a la suya.

▸ ***Dialogo con mis padres,*** primero con uno y luego con otro.

Hago silencio, me pongo en su presencia, los visualizo y yo me meto en la foto

- ¿Cómo es esa imagen?
- ¿Qué estoy sintiendo?
- Les escribo una carta. ¿Qué me sale decirles? ¿Qué me dicen ellos a mi? ¿Tengo algo pendiente con ellos, algo que agradecerles, algo que perdonarles algo que expresarles y que no pude decirles...?

▸ ***Visualizo una foto*** con toda mi familia, mis abuelos, mis tíos... y me incluyo en ella

¿Cómo me siento?

- Pongo a mis padres detrás de mí y recibo su fuerza para continuar mi camino. Si dejé a alguien fuera, lo incluyo ahora. Les doy su sitio y les reconozco su pertenencia. Los incluyo en mi corazón y en mi memoria. Les meto en la foto ya para siempre. Visualizo la nueva imagen familiar, donde todos están incluidos

- ¿Cómo me siento?
- Pongo lo experimentado junto a Jesús. Lo abandono a él en silencio:

«Has sido llevada por mi desde el vientre, sostenida en el seno materno» (Is 46,4).

2.2. Isabel de Ain Karem y María: relaciones que hacen crecer

«Esta historia ocurrió en una guardería. La directora observa el comportamiento de una joven ayudante que intenta calmar a una niña a la que su madre acaba de llevar a la guardería por primera vez. La niña es un mar de lágrimas, y la ayudante intenta resolver el problema como sabe hacerlo. Primero le dice: "No, chiquitina, no estés triste. Es muy divertido estar aquí, ya lo verás", y sin darse cuenta niega el sentimiento de la pequeña.

Después le dice: "Mira, no deberías estar triste, hay muchas niñas que no tienen la suerte que tú tienes de estar en una guardería tan bonita con juguetes tan lindos", y ahora, otra vez sin darse cuenta, la culpabiliza. Le da a entender que su sentimiento es un error y que hace mal en estar triste.

Ya un poco cansada, al final le dice: "Me estoy hartando de tus gritos, eres verdaderamente difícil. Te dejo y volveré cuando estés más tranquila..."

Hace un juicio de la niña y saca su malestar.

Al ver esto, la directora ella se encarga de la pequeña. Se acerca, se arrodilla al lado de ella y le dice: "Chiquitina, ¿estás verdaderamente muy triste?"

"Sí", responde la niña sollozando

"Estás triste y enfadada también, ¿no?".

"Sí", dice la niña jadeando.

"¿Habrías preferido quedarte con tu mamá esta mañana?"

"Sí", suspira la niña.

Y la directora suspira también y, mirándola con ternura, le propone:

"¿Quieres venir a jugar conmigo?"

"De acuerdo", dice la niña»[3].

🕮 ***Lucas 1, 39-45:*** *«Bendita tu vida»*

A la sombra del encuentro entre María e Isabel, contemplando su modo de visitarse, tomamos conciencia del tejido relacional que conforma nuestras vidas. Es un tiempo para orar las relaciones, para ver las que necesitamos todavía seguir colocando bien y aquellas que se han dañado y quisiéramos reparar. También para agradecer las relaciones que nutren nuestra vida. Traer al corazón a las personas significativas que nos han hecho gustar del agua del amor en nosotras y sus efectos buenos. Recoger su cosecha para poder ofrecerla, recolectar pequeños gestos de cariño, de escucha, de confianza, de paciencia... que han tenido con nosotras.

---

3. TH. D'ANSEMBOURG, *Deja de ser amable, ¡sé auténtico! Cómo estar con los demás sin dejar de ser uno mismo,* Sal Terrae, Santander 2003.

Después de ser sorprendida por un anuncio que la desbordaba, María se pone en movimiento. Se encamina hacia Ain Karem, a visitar a su pariente Isabel. Las dos engarzan sus vidas en esa cadena de mujeres cuya carencia y vacío serán visitados y posibilitados por Dios.

Afirmarnos mutuamente

Las dos mujeres se encuentran en distintos momentos vitales: Isabel, en la tercera etapa de su vida; María, casi en la primera. La una, estéril y anciana; la otra, joven y célibe. Ambas, portadoras de una vida mayor que ellas mismas, conocedoras del misterio que crecía en su interior.

Debido a su embarazo, las dos se encuentran fuera de la norma social, de lo establecido. Isabel es demasiado mayor para concebir, y María está embarazada sin mediar matrimonio. Ambas debieron sentir no sólo alegría en el abrazo, sino también la conmoción y las dudas ¿Qué va a ocurrir? ¿Cómo nos las vamos a arreglar?

Se aceptan la una a la otra en el momento en el que están, en la situación que atraviesan; se reconocen y se confirman, lo cual establece *un vínculo entre ellas.* María e Isabel se afirman mutuamente. No juzgan ni valoran en función de lo que la sociedad considera correcto o incorrecto. Comprenden lo que significa para cada una de ellas el que algo nuevo esté creciendo en su interior. Una vez que han compartido lo que les oprimía el corazón, ambas se sienten fortalecidas. Gracias a Isabel, María ve desde una nueva perspectiva el bien que Dios le ha hecho. Sus dudas y sus miedos se han transformado en alegría, y ella puede expresarlos abiertamente.

María no va solo a servir a Isabel; necesita que esta, desde su experiencia le diga: «Adelante, que eso es de Dios». Necesita que Isabel la confirme y la bendiga. Y, a su vez, Isabel necesita agradecer el sueño de Dios que las dos comparten y hacen posible.

Estas mujeres son un icono preciosísimo para cultivar las dimensiones del diálogo intergeneracional y la necesidad que tenemos de diálogo en todas las vertientes de la vida, entre las culturas, entre las diversas tradiciones espirituales. Ellas nos conducen a agradecer la capacidad femenina que hombres y mujeres tenemos de transparentar el Misterio, de despertarnos unos a otros esa Vida adentro cuyo sabor reconocemos.

Cada una se convierte en matrona, en *partera* de la otra; desde sus distintos momentos vitales, se van a ayudar a *esperar* y a pasar el proceso del alumbramiento, diferente para cada una porque son diversas las etapas que viven. En la vida nueva que se está gestando en ellas, en el secreto, alientan al unísono para traer al mundo algo de Dios que estaba oculto. Las dos saben de espera y de dolores de parto. Decía una comadrona experimentada: *«Algo no puede nacer sin que otra cosa tenga que morir antes para dejar espacio»*. La obstetricia es el arte de saber esperar.

El parto no es un hecho aislado, y se dan en él la contracción y la relajación, el dolor y el placer, la posesión y el desprendimiento, la tristeza y la alegría, el miedo y la confianza. Me impresionó ver que todo esto que la matrona menciona como momentos del parto, del alumbramiento, son momentos de nuestra vida, de nuestras relaciones. Todas nos reconocemos ahí.

Reencender la vida

Las dos embarazadas se saludan y, cuando se encuentran, cada una de ellas se hace consciente del misterio de su propia vida. En el seno de Isabel el niño salta de alegría. Ella entra en contacto con la imagen auténtica que hay en su interior, y María estalla en un canto de alabanza a Dios por la acción que está llevando a cabo en ella y en su pueblo. María intuye que Dios, con su acción, transforma las relaciones que establecen y desean preservar los poderosos de este mundo. María reconoce en Dios al gran transformador.

Sola en un monte y sin más oyentes que una anciana y dos criaturas aún por nacer, María canta lo que Jesús proclamará abiertamente años después: «*El Espíritu me ha ungido... para liberar*» (cf. Lc 4,16). Canta lo que Dios hace en la historia sirviéndose de los pequeños, su revolución de amor. María e Isabel intercambian lo que son y lo que Dios ha ido haciendo en ellas: en sus cuerpos se oculta el poder de Dios, que se manifiesta en las personas ancianas, como Isabel, en los no nacidos, en las madres solteras y en los pobres[4].

Todos los iconos que a lo largo de la historia recogen esta visita, este saludo, nos presentan a las dos mujeres vinculadas, unidas por un abrazo, por un beso, por una misma alegría. «*Dichosa tú, feliz, porque la promesa en la que has creído se realizará*» (Lc 1,45), sea cual sea el modo en que se manifieste. Necesitamos decirnos esta bienaventuranza unas a otras y reencender nuestra vida, reencender nuestras risas.

---

4. M. McKenna, *Déjala (Jn 12,7). Mujeres en la Escritura,* Sal Terrae, Santander 2001.

La risa compartida puede ser una risa que caldee el ánimo, que genere ambientes de espontaneidad y amabilidad, de aceptación de la vida. La risa tiene siempre un componente *agregador*. El pleno ejercicio de la risa solo es posible en compañía. Las madres sonríen a sus hijos cuando los despiertan por la mañana y cuando se han hecho daño, para que no se preocupen. Aprenden a emplear su risa y su sonrisa como remedio curativo[5].

La vida, cuando se vive a fondo, desarrolla sus componentes de alegría, de gratuidad, de generosidad. La risa y la gratitud son buenos medidores de nuestros modos de vivir. ¿Solemos compartir momentos de reírnos juntas en la comunidad, en la familia?

Reencender la risa significa querer hacer felices a las personas con las que vives en casa, significa que te importan, que tu relación con Dios pasa por tu relación con ellas, por los vínculos que establecemos. Significa que conocemos el perdón y el abrazo y significa, también, que podemos hacernos valer unas a otras, unos a otros, en nuestra vida en comunidad, como Isabel y María se hacen valer mutuamente; que podemos despertarnos lo mejor. La risa se vuelve sagrada cuando es capaz de encender otro rostro. Es uno de los muchos nombres del Espíritu grabados en nosotros.

Celebrar la amistad

¿Qué tipo de historia quiero vivir yo en la comunidad? ¿Una historia desde el ego o desde el alma? «La comunidad es resultado del encuentro recíproco interpersonal.

---

5. A. GRÜN y L. JAROSCH, *La mujer: reina e indomable,* Sal Terrae, Santander 2006.

Trato a una persona como tú, y la otra me trata a mí como tú. Se da el respeto, el cariño, el querer el bien. A cualquier persona, por deteriorada o marginada que esté, siempre la puedo tratar como persona; pero es posible que la otra persona pueda tener tantas heridas, pueda tener su yo tan destruido, que en ese momento no puede tratarme a mí como un tú, y no puede darse comunidad» (F. Carrasquilla).

María e Isabel fueron mujeres de risas amplias y también lo fueron de *ojos grandes*. Mujeres que contemplaron en el revés de la historia y de sus vidas, el paso sin precedentes de Dios, la bondad oculta de la existencia. Nos muestran una manera de vivir que abre al don del encuentro, que abre posibilidades a nuestro ser:

> «Agradecer y cuidar las *amigas del alma* que hacen emerger en nosotras la ternura, el gozo, la bondad, las ganas de vivir; que nos ayudan a vivir más esponjadas. No supone menor fidelidad a Dios, sino que *nos capacita para vivir y resistir vivas* en medio de situaciones de muerte y conflicto. Nos despierta la generosidad, la gratuidad... y otras zonas oscuras que pueden estar dormidas o esclerotizadas. Esta riqueza nos capacita para tener una presencia humana y humanizadora allí donde es más difícil sostenerla. Es importante armonizarlo con nuestra personalidad. Armonizar nuestras relaciones. Las personas necesitadas tienen derecho a que nos acerquemos a ellas con ternura, con bondad... Necesitamos caer en la cuenta de las cosas que están brotando y de las que necesitan ser cuidadas, tanto en mi vida como en la de los demás. No podemos ser felices solas»[6].

---

6. Tomado de unos Ejercicios impartidos por Pilar Wirtz, ODN.

Para que el amor permanezca vivo necesita cercanía y distancia, como el acordeón. Necesitamos un balance equilibrado entre el yo y el nosotros, entre autonomía y vínculo, entre dar y recibir. Necesitamos nuestro espacio, nuestra libertad para poder vivir lo que es importante para nosotras. Solo cuando una puede retirarse, también se está a gusto con nosotras. La afirmación de los propios límites crea relaciones sanas.

Por haber amado ya no eres la misma. No nos cambian las ideas ni los conceptos; nos transforma el amor que experimentamos. Y nos hace bien recoger su paso. Tomarnos el tiempo para agradecer las *visitas*, esas visitaciones que hemos experimentado en los últimos años. Orar nuestro tejido relacional, los encuentros, la amistad, los rostros que nos han acompañado y nos sostienen en nuestra vida.

ORAR NUESTRAS RELACIONES CON ISABEL Y MARÍA

Vamos a contemplar el icono de la Visitación para aprender de estas dos mujeres.

Isabel y María se hacen valer mutuamente y se despiertan lo mejor. Vivieron una historia de agradecimiento y de liberación, se encontraron desde el alma, desde lo más hondo de cada una. Ellas nos ayudan a preguntarnos: ¿Qué tipo de historia relacional quiero vivir yo? ¿Una historia desde el ego o desde el alma? Porque hay maneras de relacionarnos que nos conducen más «*al fin para el que hemos sido criados*».

📖 ***Lucas 1,39-45:*** *María se fue presurosa por la montaña a visitar a su prima Isabel, la saludó, y esta la llamó bendita y dichosa...*

– ¿Cómo son *mis modos de saludar*?

– ¿Qué tipo de saludos doy y recibo?

▸ ***Contemplo mis relaciones:*** Las personas que tengo cerca, las que están lejos.

- Agradezco las relaciones que han nutrido mi vida en este último año.
- Traigo al corazón a las personas que me han hecho gustar del agua del amor y sus efectos buenos. Recojo su cosecha en mi vida: pequeños gestos de cariño, de escucha, de confianza, de paciencia... que han tenido conmigo a lo largo de este último tiempo. Agradecer la oportunidad que he tenido de hacerme yo también cauce para otros de ese amor transformador.
- En una hoja en blanco voy anotando nombres. Los nombres de las personas significativas en mi vida, las que lo fueron en su momento, las que lo siguen siendo ahora...

▸ Elige interiormente a aquellas personas con las que quieres encontrarte en este tiempo de una manera distinta, de una manera nueva...

- ¿Qué viajes me siento invitada a hacer?

- Hacemos memoria de nuestros ***hechos de la comunidad:*** vamos a recorrer las distintas comunidades en las que hemos estado, los misterios de dolor y de gozo que hemos vivido en ellas. Lo que hemos amado y sufrido.
  - Pongo ante el Señor las comunidades que desde los inicios han tejido mi vida.
  - ¿Qué situaciones pasadas, duelos, reconciliaciones tengo pendientes?
  - Vamos nombrado las comunidades, y las hermanas con las que compartimos etapas de nuestra vida, y nos preguntamos:
    * ¿Qué recibí en ellas? ¿Qué dones me ofreció el Señor a través de mis hermanas?
    * ¿Qué aprendí en cada comunidad?
¿Qué ofrecí yo?
    * ¿Qué sabor dejan en mi vida?

- Acaba convirtiendo en petición ***Col 3,12-17:***

«Revístenos, Señor, de entrañas de compasión, de bondad, de humildad, de mansedumbre y de paciencia... Revístenos de Tu amor para poder vivir juntas».

«Señor, te entrego totalmente
mi capacidad de relación
con las personas y las cosas
para que tú la transformes
por la fuerza de tu Espíritu...»

3

SANADAS

3.1. Una mujer samaritana: desbloquear nuestras fuentes

«Un abuelo indio hablaba con su nieto acerca de cómo se sentía ante la tragedia que había caído sobre su pueblo, atacado, diseminado y en retirada ante el avance de sus enemigos. Le decía: "Siento que tengo dos lobos luchando en mi corazón. Uno es vengativo, furioso, violento, solo preocupado por sí mismo y por satisfacer su enojo. El otro es capaz de sentir amor y compasión, es solidario con la manada, quiere mirar hacia delante y empezar a reconstruir". El nieto le preguntó: "¿Cuál crees que va a ganar en tu corazón?" Y el abuelo respondió: "Aquel al que yo alimente más"»[1].

🕮 ***Juan 4,1-42:*** *«Si conocieras el don...»*

¿Qué relatos de mujeres tomar para la primera semana, para ser conscientes de los efectos del mal en nuestra vida y en la historia; para *«sentir interno conocimiento de*

1. www.vueltaaldia80mundos.blogspot.com/2010/08/un-abuelo-indio-hablaba-con-su-nieto.html

mis pecados y aborrecimiento dellos» (EE 63)? Es un tiempo para pedir la gracia de que el dolor del mundo nos afecte y reconocer nuestras cegueras y nuestras torpezas en dejar fluir el amor que somos. Un tiempo para dolernos de los daños que causamos: sociales, psicológicos, afectivos..., y para toparnos con el enorme deseo de Dios de liberar, de sanar, de reconciliar. Para conocer su misericordia como no habíamos podido sentirla hasta ahora.

La fuente del Espíritu pone en nosotras grandes reservas de amor, pero ocurre que a veces los caminos hacia esa fuente se nos bloquean, se enturbian las aguas, se retienen, se seca el terreno. El lugar donde Jesús y aquella mujer de Samaría se encuentran se llama «*Sicar*», que significa: «*hay algo obstruido*». Estamos obstruidas cuando estamos desconectadas de la Fuente, del Manantial. Estamos obstruidas cuando vivimos más en contacto con nuestras dificultades psicológicas, relacionales, temperamentales..., y se nos nubla, se nos oscurece nuestra capacidad de dar y de recibir amor.

Con la mujer de Samaría somos conducidas por Jesús, con tremendo respeto y delicadeza, a reconocer dónde está nuestra fragmentación, nuestra herida, nuestra división. Todo aquello que bloquea nuestras fuentes, nuestra salida hacia los otros y el enorme deseo del Señor de desbloquear, de bajarnos en nuestra vida al hontanar de su misericordia.

Vamos a meternos en la escena entre Jesús y la mujer (Jn 4,1-42). El encuentro tiene lugar en un pozo, es un encuentro en clave de amor y de mayor intimidad. El evangelio nos dice que Jesús está cansado. Detenernos ahí: *Jesús cansado,* y verle profundamente humano. Está sentado, solo; los discípulos se han ido, y llega una mujer a sacar agua del pozo a una hora poco común (por el calor, se solía ir por agua a la mañana temprano o a la tarde; ella va al mediodía). ¿Quizá no tiene ganas de encontrarse con otras mujeres? Por su acento se ve que es samaritana y, a medida que el encuentro se desarrolla, vamos a descubrir a *una mujer herida.* Una mujer de relaciones no concluidas, trabadas. Una mujer que tiene una imagen distorsionada de sí misma, que quizá se siente culpable.

Dame de beber

Jesús está sentado y cansado. La mujer se acerca y está de pie. A esta mujer extranjera Jesús la mira y le dice: «*Dame de beber*», que es otro modo de decirle: «*Necesito de ti*». Jesús se vuelve hacia esta mujer que tiene una imagen herida y culpabilizada, una imagen tal vez de nosotras mismas, que podemos decir: «ya no valgo para nada, o para muy poco, porque ya no puedo hacer lo que hacía antes», «no voy por no estorbar...». Y Jesús le dice: «*Dame de tu agua*».

> «Jesús está tratando de hacernos comprender cómo acercarnos al pobre, al hermano que sentimos con mayor pobreza. No hay que acercarse desde arriba, con una generosidad y un poder: "yo puedo hacer algo por ti" y te lo puedo dar; sino hacer ver al otro que tiene algo valioso para nosotros... Jesús no le dice a esta mujer que tiene que cambiar su vida. Jesús quiere levantarla para ayudarla a encontrar confianza en ella misma. Porque el sufrimiento de la persona pobre, sea pobre económica o pobre en la fragilidad de su carne, es que ha perdido la confianza en sí misma. No sabe muy bien quién es. Siente que no quieren nada de ella, y ahí Jesús dice: "*Yo te necesito*".

Tenemos distintas maneras de vivir bloqueados, de escondernos. Podemos escondernos detrás de palabras, detrás de conocimientos... Me escondo detrás de un sentimiento de superioridad, me escondo detrás de una función; podemos ponernos máscaras, justamente para que no descubras quien soy, para que no descubras esas partes pobres que hay en mí. Pero lo que de verdad nos hace comulgar con otros no es ocultar nuestra vulnerabilidad ni nuestros miedos; es compartirlos, es vivir juntos con ellos. Si no, tampoco podremos conocer la vulnerabilidad del corazón de Dios»[2].

La experiencia nos muestra que mucha gente se encuentra en una forma latente de falta de confianza en sí misma, se ha desconectado de la profundidad de su vida, de su fuente, no cree mucho en su capacidad de amar. La mayor parte del tiempo estamos en contacto con nuestras dificultades psicológicas y relacionales, incluso cuando creemos no tener tales dificultades. Vamos a reconocernos en algunas aguas turbias que padecen los hombres y mujeres de nuestro tiempo.

Cuando las fuentes se bloquean

Las emociones tiñen nuestra vida positiva o negativamente; tienen un efecto vivificante, pero también pueden provocar efectos destructivos y devastadores. La emoción –como indica su nombre: «*e-movere*»– es una fuerza que nos pone en movimiento. Cuando nos dejamos arrastrar negativamente, son aguas turbias que dañan

2. J. Vanier, *Acceder al Misterio de Jesús a través del Evangelio de Juan,* Sal Terrae, Santander 2005, pp. 95-104.

nuestras relaciones. En vez de beber de la fuente, bebemos de nuestro ego. Estos son algunos de los bloqueos que retienen nuestras aguas:

«Las fuentes se vuelven turbias cuando nos bloquean *los miedos.* El miedo social ante el otro y su juicio, el miedo al conflicto y el miedo a hacer algo errado o a incurrir en culpa.

El *afán de reconocimiento*, de reputación. Quien se deja arrastrar por ello pierde el contacto consigo mismo. Cuando necesitamos el trabajo para ocultar el vacío de nuestra alma, *siempre tener algo que hacer*, aferrarnos a algo... La presión de tener que demostrar la propia valía, o de dejar a otros contentos, de ser apreciadas. *La presión de unas expectativas,* vengan de mí o de otros.

La rivalidad y la comparación: como no estamos contentos con nosotros mismos, demostramos nuestra valía ante los demás superándolos. Quien está en armonía consigo mismo puede lanzarse a la vida tal como es. No tiene la necesidad de compararse constantemente con los demás.

La compulsión de tener el control, de no dejar suelto ningún hilo, de controlar también nuestros sentimientos, nuestros afectos. Confiar nos descarga.

Otra causa puede ser la *depresión por agotamiento*. La depresión nos indica que hemos excedido nuestra medida. No hemos prestado oído a las señales de nuestra alma, que nos pedía que descansáramos.

La irritación es un sentimiento provocado por los motivos más dispares. No deseamos irritarnos, pero... Cuando decimos: «¡Me pone a cien!», no estamos en contacto con nosotros mismos, no protegemos nuestra fuente interior.

La victimización, la falta de seguridad, también enturbia nuestras fuentes. Quien tiene poca estima suele ver a los demás como una amenaza. *¿Por qué en presencia de algunas personas nos sentimos más débiles? ¿Por qué la* *conversación con esta o aquella persona me quita la energía*? Cuando damos a otros demasiado poder, ya no estamos en contacto con nosotros mismos, sino que nos dejamos determinar desde fuera. Tenemos dependencia emocional de la otra persona, queremos darle gusto, olvidamos nuestra propia fuerza. Nos dejamos bloquear, y la presencia de esa persona nos arranca de nuestro centro. Entonces la vitalidad propia está como enterrada»[3].

Estas emociones que hemos nombrado, cuando se solidifican en nosotras como actitudes, se convierten en modelos. Por eso necesitamos trabajar sobre *nuestros modelos de vida:* en ellos está contenida nuestra visión de la vida, nuestro modo de afrontarla. Cuando estamos agotadas, es que bebemos de una fuente turbia. Estar agotadas no es lo mismo que estar cansadas: hay cansancios llenos que nos llevan a agradecer, que nos hacen sentirnos vivas. Cuando nos sintamos sin ganas, sin energías, necesitamos preguntarnos si detrás de nuestro obrar se esconde un modelo de vida que no nos hace bien, para poder revertirlo. El Espíritu penetra todas esas emociones para sanarnos desde ahí.

Preguntarme: ¿Por dónde siento que se dan en este tiempo mis bloqueos? ¿Qué aguas turbias percibo en mis relaciones, en aquello que hago? ¿Qué me desgasta en este momento? ¿Qué cosas me quitan energía y me hacen la vida pesada?

Estamos sentadas, sin saberlo, sobre el único pozo que puede apagar nuestra sed. Se llama *presencia a una mis-*

3. Tomado de A.GRÜN, *Las fuentes de la energía interior,* Sal Terrae, Santander 2007.

ma, presencia al otro, presencia al mundo. Como le ocurrió a la Samaritana, Jesús viene a desbloquear nuestras fuentes y a ponernos en contacto con el propio manantial, nos invita a beber de nuestro pozo profundo para encontrar un agua definitiva que ya no necesitamos ir a buscar en pozos ajenos. Un agua que apagará la sed más profunda de esta mujer y que la preservará de secarse interiormente. Jesús habla de la fuente de amor que nunca se seca.

Agua viva

Después de levantar a la mujer, después de haberle revelado el sentido profundo de su vida, que ella estaba llamada a ser fecunda si bebe el agua que Jesús le da, con mucha delicadeza va a tocar su herida: «*Anda, busca a tu marido y vuelve*» (v. 16).

La mujer tiene una historia de relaciones trabadas; igual que nosotras, desea un amor sin condiciones, pero ella experimenta una y otra vez que ninguna presencia colma ese anhelo. Los seis hombres nos remiten a un séptimo hombre, que ofrece gratuitamente la fuente de este amor, el vínculo donde todos los demás vínculos y afectos se tejen y se despliegan.

Hay una sola cosa que es importante para dejar a Jesús que nos levante, para descubrir nuestra fecundidad: ser verdaderas, no pretender, no escondernos, no vivir de ilusiones; al contrario, descubrir que en mi pobreza, que reconozco con verdad, necesito a Jesús, y que soy amada con todo lo que está herido en mí. Ser capaces de agradecer a Jesús nuestras pobrezas: él nos necesita precisamente así. «*No quiere una mujer perfecta, sino una mujer que ama*».

Timothy Radcliffe cuenta una anécdota sugerente: «Paseando junto a la costa, me bombardearon unas gaviotas que lanzaban desde arriba los moluscos que llevaban en el pico para romper su concha y picotear su parte más blanda. Algo así hace Dios en los tiempos de crisis: rompe la cáscara dura de nuestra suficiencia para llegar a nuestra parte más tierna, a lo más vulnerable de nuestras vidas».

Cuando bebemos del agua que Jesús quiere darnos, del agua viva del manantial de su Corazón, entonces nos toman la ligereza y la vitalidad, experimentamos una vivencia de amplitud y libertad. Nuestra vida adquiere un sabor nuevo, el don que la habita se multiplica. Nos hacemos transparentes para algo más grande que nosotras mismas. De nosotras fluye no solo el trabajo, sino la sensación de estar vivas.

ORAR JUNTO AL POZO

Dejar que Jesús se detenga junto al pozo, se haga el encontradizo y nos llame hacia él, para descubrir nuestros bloqueos, para dejarnos sanar, para liberar con amor la Fuente que nos habita.

📖 ***Jn 4,1-42:*** Lee despacio el Evangelio y sitúate en él. Adéntrate en el encuentro con Jesús: *tú eres esa mujer.*

▶ **Contempla a Jesús cansado,** fatigado... Háblale también de tus cansancios.

Jesús te pide de beber: ¿qué agua te pide en este momento? ¿La de la confianza, la del dejarte hacer, la de perder miedos?...

«Dame de beber... te necesito». Mírale ahí y pídele que te haga descubrir a través de qué rostros te dice hoy que necesita de ti. Escuchar cómo Jesús me pide y necesita de mi agua tal como la tengo. No necesita mis capacidades; me necesita a mí, quiere toda mi persona tal como está; no quiere mis cosas, me quiere a mí misma; no quiere mi hacer, quiere todo mi ser.

▶ ***«Si conocieras el don de Dios y quién es el que te pide de beber, tu le pedirías a él, y él te daría agua viva»*** (Jn 4,10).

Pregúntate:

- ¿Por dónde siento que se dan en este tiempo mis bloqueos?
- ¿Qué aguas turbias percibo en mis relaciones, en aquello que hago?
- ¿Qué me desgasta en este momento? ¿Qué cosas me quitan energía y me hacen la vida pesada...?
- ¿A qué le doy poder para quitarme la alegría y la confianza?

▶ ***Ora con Ez 47,1-12:*** Por donde pase el torrente habrá fecundidad... y sanación.

- Expón esas zonas de tu vida bloqueadas, resecas, endurecidas... a la corriente del Agua Viva que viene a sanar y a fecundar.
- Imagino ese agua que va cruzando todo mi cuerpo, mis pensamientos tóxicos, mis emociones más negativas, todo aquello que resta vida en mí... y el agua lo va liberando y sanando.

- Acaba tu oración ***agradeciendo*** a Dios que te sorprenda en los pozos de la historia para buscarte allí donde estás más lastimada, desbloquear tus fuentes y que puedas tú beber y dar de beber a otros.

«El movimiento hacia nuestro pozo interior es una escuela de respeto por los pozos de los demás. Es una escuela de diálogos y de mutuos intercambios, donde una se vuelve vulnerable, necesitada de intercambiar nuestras aguas, de gustarlas y de hacerlas gustar, de mejorarlas en nosotros ayudándonos mutuamente. Vivimos en un tiempo de multiplicidad de recetas espirituales. Pero ninguna reemplaza la aventura de ir hacia el propio pozo. Allí no hay recetas; primero es el contacto con el misterio que somos nosotras en el silencio, en la intimidad. Tomemos el tiempo para intercambiar nuestras aguas. Abramos nuestros pozos unos a otros para intentar encontrar caminos de salvación y de comunión».

(IVONNE GUEVARA)

3.2. Dos mujeres necesitadas: la mujer con hemorragias y la mujer encorvada

«Rubén Omar Sosa escuchó la lección de Maximiliana en un curso de terapia intensiva, en Buenos Aires. Fue lo más importante de todo lo que aprendió en sus años de estudiante. Un profesor contó el caso. Doña Maximiliana, muy cansada por los trajines de una larga vida sin domingos, llevaba unos cuantos días internada en el hospital, y cada día pedía lo mismo:

– Por favor, doctor, ¿podría tomarme el pulso?

Una suave presión de los dedos en la muñeca, y él decía:

– Muy bien. Setenta y ocho. Perfecto.

– Sí, doctor, gracias. Ahora, por favor, ¿me toma el pulso?

Y él volvía a tomárselo y volvía a explicarle que estaba todo bien, que mejor imposible.

Día tras día, se repetía la escena. Cada vez que él pasaba por la cama de doña Maximiliana, esa voz, ese ronquido, lo llamaba, y le ofrecía ese brazo, esa ramita, una vez, y otra vez, y otra vez, y otra.

Él obedecía, porque un buen médico debe ser paciente con sus pacientes, pero pensaba: Esta vieja es un plomo. Y pensaba: Le falta un tornillo.

Años demoró en darse cuenta de que ella estaba pidiendo que alguien la tocara»[4].

📖 ***Marcos 5,25-34:*** *«Mujer, vete en paz y queda curada».*
Lucas 13,10-17: *«Mujer, quedas libre».*

Vamos a dejar que Jesús continué poniendo sus manos sobre nuestra vida; y lo vamos a hacer con la experiencia que tuvieron dos mujeres: una a la que se le estaba yendo la vida desde hacía doce años (Mc 5,25-34); y otra que llevaba dieciocho años encorvada (Lc 13,10-17). Y ninguna de las dos se atrevía a mirar de frente.

Las dos mujeres han sido sanadas por Jesús, las dos tenían sus vidas estancadas. La mujer con hemorragias la

4. E. GALEANO, *op. cit.*

iba perdiendo, se le iba secando, no tenía fuerzas para vivir, se sentía separada de los otros. La mujer encorvada no podía mirar de frente, cargaba durante dieciocho años un peso demasiado grande (¿culpa, vergüenza, resentimiento?...). ¿Estaban enemistadas con alguna realidad de sus propias vidas? Ambas tocan y se dejan tocar por Jesús para poder experimentar la sanación y la paz en ellas.

Ambas mujeres tienen experiencia del corazón humano, de sus recovecos, sus dobleces, sus capas aún oscuras, y del poder destructor de la exclusión; y ambas, a la vez, tendrán la experiencia del efecto sanador del toque de Dios, de la *recuperación del corazón* y la curación de aquello que mantenía bloqueados sus cuerpos y sus relaciones. Tocan y se dejan tocar por Jesús para poder experimentar la sanación y la paz en ellas. «*¿Quién me ha tocado*?», dirá Jesús (Mc 5,30). Acaso vivamos solo para este toque.

Una mujer con pérdidas

Entre los empujones y apretones de la gente a Jesús, vemos emerger a una mujer que está enferma y busca ayuda. De ella no sabemos ni su nombre ni su historia. Solo que hace doce años que sufre hemorragias constantes de sangre, una enfermedad que la mantiene apartada de las fuentes de la vida: la relación con Dios y con los otros.

Su don, la sangre que posibilita engendrar y nutrir otra vida nueva, se convierte en su peso y en motivo de ser rechazada por muchos. La sangre menstrual era considerada impura por la ley judía. Nadie podía entrar en contacto con una mujer que padece flujos de sangre, pues sería contagiado por su impureza, ni tocar los objetos que ella usa (Lev 15,2). La mujer de nuestra historia arrastra durante doce años la condición de *mujer impura,* de mujer aislada. Por un lado, tiene que alejarse de la proximidad de los demás; por otro, hay en ella un deseo incesante de acercarse simplemente y ser aceptada. Una mujer que pierde constantemente su sangre es una persona herida en lo más profundo de su ser, a la que se le está yendo la vida. «*Ha gastado toda su fortuna para curarse, sin obtener mejora alguna*» (Mc 5,26), pero no se ha conformado ni se ha resignado por completo, aunque, lejos de mejorar, todo ha ido a peor.

Los médicos simbolizan a aquellas instancias que podrían ofrecerle ayuda y que, sin embargo, logran el efecto contrario: que la mujer empeore y se empobrezca cada vez más, hasta hacer que ella misma se considere despreciable para otros. Teme ser juzgada y mantiene bloqueado el acceso a su intimidad.

¿Dónde encuentra esta mujer el ánimo interior para no quedarse parada? Ella toma la iniciativa: «*Oyó hablar de Jesús, se acercó por detrás y tocó su manto*» (Mc 5,27). El verbo «*tocar*» aparece en el relato que nos ocupa cuatro veces (5,27.28.30.31). La curación de la mujer se produce *inmediatamente.* No hay testigos, y solo ella puede confirmar la curación, solo ella puede contar lo vivido. Jesús *es consciente* de la conmoción que se ha producido también en su cuerpo. Y pregunta por ella, quiere devolverle su dignidad. «*Ves que la gente te está estrujando y preguntas: ¿quién te ha tocado?*» (5,31). Pero Jesús apunta en otra dirección, *al misterio de una comunicación interpersonal.* Se ha tratado de un contacto distinto, de una calidad en el tocar. Todos estaban cerca de él y lo tocaban, pero ninguno lo hizo como esta mujer.

San Juan de la Cruz definió a Dios como «*quien no sabe sino sanar*» (Llama 2,8), y esta mujer se lo ha confirmado a Jesús con su gesto. Ha tenido el coraje de tocarlo más allá de los tabúes y de las prohibiciones y ha experimentado la potencia de su amor en su propia piel. Al comienzo ella había oído hablar de Jesús, y ahora es él quien la busca con su mirada y quiere reconocerla, colocarla en el centro, restablecerle su mundo relacional.

Entonces ella se acercó, ya no a su espalda, sino a su rostro, y le contó toda la verdad. Pudo bajar hasta el último rincón de la casa de su vida, mostrarse desnuda y no sentir vergüenza: «*Hija, tu fe te ha salvado, vete en paz y sigue curada de tu tormento*» (5,34).

«Hija, vete en paz»

Es la única vez, en los relatos de curación, que Jesús llama a una mujer «*hija*», como él mismo se sintió llamado por el Padre en el bautismo. Está *bautizando* a esta mujer: es para Jesús el tiempo de la generatividad, de *ser madre* para otros. Ha salido valedor de ella, igual que Jairo al comienzo pedía por su hija enferma (5,23). Jesús la recrea en su verdadera condición, la introduce en el ámbito de la cercanía y la familiaridad con Dios y *crea vínculos* muy estrechos con una mujer que estaba apartada de todo contacto y relación. Ambos se reconocen mutuamente. Jesús la remite a ella misma, a las potencialidades que estaban dormidas en su interior: «*tu confianza te ha sanado, vete en paz y queda curada*». En adelante, ya no sería más una mujer marcada, sino una hija muy amada. La está *bautizando,* y ella *se deja bautizar.*

«*Vete en paz y queda curada*» (5,34): la paz es la tercera fuente del Espíritu de la que podemos beber para nuestra convivencia. Es un don de Dios: *Shalom*. Significa bienestar y plenitud de vida del ser humano. Todo aquello con lo que no hemos hecho las paces dentro de nosotras, todo aquello que reprimimos en nosotras mismas, en nuestras familias, en nuestras comunidades, en los países... obstaculiza en la vida y toma mucha fuerza interior.

Vamos acogiendo el don de la paz en un largo proceso de reconciliación con nosotras mismas, haciendo las paces con nuestro lado oscuro, con aquello que nos resulta desagradable, con esa intención de no dañar, de no perjudicar. La amabilidad es una fuerza que crea algo bueno, incluso frente a la resistencia de fuerzas negativas. «Llegará un día en que nuestros lados oscuros ya no nos separen de la fuente interior, sino que nos lleven precisamente a ella. El gran regalo de Dios, cuando podemos recibirlo, es descubrir que también lo que está oscuro en nosotros es bueno» (A. Grün).

Trabajar la paz en nosotras, para que pueda incidir en nuestro mundo, tiene que ver con hacer amistad con aquello de lo que nos hemos distanciado. Hacer amistad con áreas de nuestro mundo de las que nos sentimos separadas, entrar en diálogo con cada una de ellas. Personas de mi familia, de mi trabajo, de mi comunidad, de mi congregación... Personas que me cuesta aceptar. Y también zonas de mi misma con las que necesito entablar amistad. Jesús pone a la mujer en contacto con la fuente que mana en su interior, la fuente del Espíritu. La hace capaz de tener una relación diferente con los síntomas que a veces nos molestan en la vida.

Encorvada durante dieciocho años

Las dos mujeres de estos relatos tienen en común el tiempo que cargan con su dolor, con su herida, esos dolores secretos del corazón de los que el propio cuerpo se hace eco. La mujer de nuestra historia no habla, no emplea su voz ni sus gestos, no pide nada. Jesús, al verla en su realidad, sin poder mirar de frente a los otros, cargando un peso que no la deja respirar con anchura, siente deseos de llamarla, de tocarla: «*al verla, la llamó y le dijo: "Mujer, quedas libre de tu enfermedad", y le impuso las manos. Y al instante ella se enderezó y daba gloria a Dios*» (Lc 13,12-13).

El jefe de la sinagoga reprocha a Jesús su curación en sábado. Entre todos aquellos hombres que contemplan la escena, solo Jesús es capaz de ver a la mujer en su realidad herida y en su confusión; de llamarla y de tocarla en su ser más hondo. Quiere soltarla de su atadura y que pueda desplegarse y vivir erguida, mirando de frente, con su vida por estrenar. Al buscarla con la mirada, la hace salir de su soledad y de su anonimato. Importa para él. Y ya solo eso nos trae salud: saber que somos únicos y amables para alguien. Jesús sanaba a las personas amándolas allí donde estaban. Hizo del tiempo sagrado, el sábado, un tiempo de sanación.

Jesús va a curarla con su mirada, con sus manos, y también con su voz. Al decirle «*mujer, quedas libre de tu enfermedad*», la está desatando, la está devolviendo a su ser esencial. Hay palabras que nos restablecen la salud. Dicen que hay seres capaces de ser curados por una voz, por el material sonoro de una voz determinada.

¡Cuánto anhela nuestro corazón escuchar esa invitación: «*quedas libre*»...! Quedas libre de lo que otros puedan decir o pensar; libre del dominio de nuestras compulsiones; libre para amar sin defensas; libre de lo que crees saber sobre ti y sobre los demás. En el fondo, quedamos liberadas para ser nosotras mismas, para poder estrenarnos, para entrar en una relación nueva con la realidad.

Jesús, terapeuta del Espíritu, lleva a estar mujer a dejar emerger al Dios que habitaba en ella. Y para eso necesita dar un paso más: establecer con ella un contacto sanador. Liberar las fuentes del amor que permanecían ocultas y obstruidas. Cuando Etty Hillesum es internada en el campo para judíos de Westerbork, en Holanda, en espera de ser deportada, lee la Biblia para vivir. Por enésima vez lee el himno al amor de Pablo y nos relata con sencillez lo que le sucede mientras recibía estas palabras:

> «¿Qué estaba pasando en mí mientras leía este texto? Todavía no lo puedo expresar muy bien. Tenía la impresión de que una varita mágica venía a tocar la superficie endurecida de mi corazón y al instante hacia brotar de él fuentes ocultas. Y me encontré arrodillada de repente... mientras que el amor como liberado me recorría toda entera, liberado de la envidia, de los celos, de las antipatías»[5].

Necesitamos recibir palabras que toquen nuestras superficies endurecidas y nos liberen de tantas ataduras que no nos dejan respirar con anchura, ni mirar compasivamente, ni considerar la belleza de la diversidad y de las diferencias. Jesús «*le impuso las manos, y en el acto ellas se enderezó y daba gloria a Dios*» (Lc 13,13). La mujer se abre ante Jesús cuando la toca. ¡Qué poder tienen

5. J. CAMARENO, *La chica que no sabía arrodillarse,* Monte Carmelo, Burgos 2002, p. 66.

nuestras manos cuando las tendemos llenas de bendiciones...! Impresiona que ella no tenga que hacer nada fuera de su vida, ni siquiera ir al templo o hacer una oración, para dar gloria a Dios. Es su propio cuerpo puesto en pie, es su propia vida circulando sin ataduras, la liberación de sus fuerzas afectivas, la posibilidad de mirar otros ojos sin temor y de entrar en comunicación..., lo que la hace experimentar una relación nueva con la vida. Respirando con anchura, da gloria. Solo respirando y siendo ella misma.

Al tocarla, Jesús abrió la fuente originante de su ser. Somos un poco como esta mujer y podemos reconocernos en su anhelo de sanación y de abundancia de vida. Y en algunos momentos podemos ser también como Jesús para los demás, cuando nuestra mirada está sana, nuestras manos conocen el silencio y nuestra voz es capaz de tocar con calidez la vida profunda y escondida de los otros.

Su mano sobre mi herida

Junto a la mujer con hemorragias y a la mujer encorvada, me pongo yo también, reconociendo mi necesidad de ser curada. Las dos mujeres tocan y se dejan tocar por Jesús para poder experimentar la sanación y la paz en ellas.

Adéntrate en sus historias, según la que más te evoque en este momento de tu vida. Son sus heridas la que las han empujado al interior del amor de Dios. Por esa abertura se sienten aceptadas y amadas. Su herida se ha convertido para ellas en el lugar de la experiencia de Dios.

📖 ***Mc 5,24-34:*** *«Ella se acercó por detrás y tocó su manto».*

- ¿Por dónde experimento que se me va a mí la vida?
- ¿Qué me mantiene apartada, separada de los otros...?
- Me dejo tocar y decir por Jesús.

▶ **«Vete en paz y queda curada»**. Trabajar la paz en nosotras, para que pueda incidir en nuestro mundo, tiene que ver con hacer amistad con aquello de lo que nos hemos distanciado, con áreas de nuestro mundo de las que nos sentimos separadas.

- ¿Hay áreas, zonas de mi vida, con las que necesito entablar amistad: mi cuerpo y mi sexualidad, mi alma, mi trabajo, mi tiempo libre...?
- ¿Con qué o con quiénes necesito hacer la paz? ¿Personas de mi familia, de mi congregación, personas que me cuesta aceptar, que me cuesta mirar de frente...?
- ¿Hay algún grupo de personas de las que te sientas separada? Si quisieras mejorar la relación, ¿cómo lo podrías hacer? Te pones junto a ellas.

▶ ***Orar con Is 11,1-9:*** *«Habitará el lobo junto al cordero... Nadie hará daño a nadie».*

📖 ***Lc 13,10-17:*** *«Estaba encorvada hacia 18 años y no podía enderezarse».*

- ¿Qué cosas me tienen encorvada, no me dejan caminar con anchura, mirar de frente, ocupar sin temor mi espacio? Las voy nombrando.

– Escuchar a Jesús que me dice: *«mujer quedas libre de tu enfermedad»*, y dejar que ponga sus manos buenas sobre mi espalda. Acoger el enorme deseo de Jesús de sanar y levantar mi vida.

Mujer quedas libre...

Libre del qué dirán...
Libre para caer y volver a levantarte...
Libre para ser tú misma...
Libre para perdonarte y perdonar a otros
Libre para amar sin miedo...
Libre para liberar...

Libre para...

▶ «***La mujer se enderezó y daba gloria a Dios***» (Lc 13,13).

– ¿Significa también para mí darle gloria sentirme viva y levantada?

4

ENVIADAS

4.1. Una mujer pagana: repartidora del pan para todos

«En medio de la masa, corazón con corazón,
apretados entre tantos cuerpos en el tren del metro, todos desconocidos,
nuestro corazón late como un pajarito apretado en un puño.
El Espíritu Santo, todo el Espíritu Santo, en nuestro pobre corazón.
El amor, tan grande y tan ancho como Dios mismo, pulsa en mi corazón como un mar que quiere liberarse, que quiere expandirse, entrar en todas estas gentes...
Señor, que la costra que cubre mi corazón no sea un obstáculo para que pase tu amor.
¡Pasa! ¡Traspasa! Mis ojos, mis manos, mi boca, son tuyos»[1].

🕮 *Lucas 4,16-21:* *«Él me ha ungido»*

Siguiendo esa intuición tan hermosa de san Ignacio: *somos perdonadas para ser enviadas*, entramos llenas de

1. M. DELBRÊL, *Nosotros, gente común y corriente,* Ed. Lumen, Buenos Aires 2008, pp. 74-75.

gratitud en la *segunda semana*. El perdón se convierte en tarea, somos liberadas para entrar en un camino de liberación. Sintiéndome como una mujer puesta en pie, a la que Jesús se ha acercado, le ha dado la mano en su fragilidad y la ha levantado. Ahora solo quiero servirle, no por obligación ni para ganarme nada, sino por puro agradecimiento, porque ya no puedo hacer otra cosa.

Somos perdonadas, y el Señor nos da el encargo de cuidar de los heridos, de los necesitados, de los frágiles. Ahora nos dice a cada una: «Hija mía, hermana de la humanidad herida, ve, que yo te envío». En realidad no vamos: es él quien nos lleva. Recuerdo una vez que celebré la reconciliación en Copiapó, en Chile. El cura, junto al perdón de parte de Dios, me dio el envío de ir yo también hacia otras mujeres. En ese momento comprendí, de un modo nuevo, que ser perdonadas y ser encargadas de otros van de la mano.

Con Pablo de Tarso preguntamos al Señor si algún día nos veremos libres de la mujer, del hombre viejos, y su respuesta es la misma: «*te basta mi gracia*» (2 Cor 12,9), pues en ella sobreabunda la misericordia, la comprensión, la ternura, que siguen sanando nuestras vidas y ayudándonos a ordenar el mundo tan complejo de nuestra vida afectiva. Y ahora la mirada pasa de nosotras a él.

Es el momento de levantar la mirada hacia el Señor de la historia, que se ha mezclado con nosotras para que podamos tener parte con él, y va a abrirnos a las dos pasiones que configuraban su vida, *el Padre y el Reino,* el Padre y la vida recobrada de los pequeños. Se entiende por qué Ignacio coloca después de los pecados la meditación del Reino. Porque la persona en este momento está en una situación de *profundo agradecimiento,* y lo que más desea es poder corresponder a tanto bien recibido. El seguimiento que quiere Ignacio no nace de una adhesión sin más de la voluntad, sino de un agradecimiento tan grande que uno ya no quiere sino *poder servir a ese Señor que tanto bien ha hecho por mí.* También Jesús necesitó sentirse *hijo amado* antes de poder ser enviado:

> «Antes de que el Espíritu empujara a Jesús al desierto para ser tentado, vino la voz sobre él y dijo: "*Tú eres mi hijo amado, en ti me complazco*"... Y a esta voz se aferró Jesús mientras vivió... Lo que se dice de Jesús se dice también de nosotros. Tenemos que oír que eres la hija amada o el hijo amado de Dios. Y tienes que oírlo no solo con la cabeza, sino con las entrañas; tienes que oírlo de forma que toda tu vida cambie radicalmente... Habrá personas que te rechacen, seguirás recibiendo elogios y experimentando pérdidas, pero ya no vivirás todas esas cosas como una persona que sigue buscando su identidad. Lo vivirás como una persona amada. Vivirás tu dolor, tu angustia, tus éxitos y tus fracasos como una persona que sabe quién es» (H. Nouwen).

Hemos conocido internamente al Dios que está con nosotras y viene a buscarnos en nuestra desorientación, nuestro pecado, nuestra confusión... y lo que ahora queremos es estar donde está Jesús, conocerle a él, aprender sus sentimientos y actitudes. Pedimos *conocimiento interno* para poder conocer la anchura, la profundidad, la longitud y la altura de su amor y dejar que trasvase poco a poco a nuestra vida.

El fruto de esta oración es *no ser sorda a su llamada en este momento de mi vida, sino atenta y dispuesta.* Cada situación esconde su perla. Que yo pueda descubrirla en este hoy.

La llamada a la generatividad no es solo personal: he sido con-vocada con otras y otros para seguirle y servirle juntos. ¿Cómo acojo esta llamada en mi corporalidad, en mi psicología, mi temperamento, mi afecto... en mis modos de relacionarme? Jesús quiere polarizar toda nuestra vida y dinamizarla hacia el Reino. Dejarnos ungir con el mismo Espíritu que él recibió: «*El Espíritu del Señor está sobre mí, porque él me ha ungido para llevar la buena noticia a los pobres... para proclamar el año de gracia del Señor*» (Lc 4,16-21).

📖 ***Marcos 7,24-30:*** «*Al llegar a su casa encontró a la niña curada*»

Contemplamos a Jesús en su encuentro con otra mujer no judía. Es un diálogo entre Jesús y una mujer anónima en el que no aparecen más personajes ni testigos; un cara a cara entre ambos en la región pagana de Tiro y Sidón. Marcos señala que Jesús, para pasar desapercibido, entra en una casa, pero no puede permanecer escondido. Esto nos da la señal de que la mujer estaba expectante, vigilante, urgida por la enfermedad de su hija atormentada. Es muy alta su calidad de atención.

La mujer toma la iniciativa de acercarse y postrarse a sus pies: «*Oyó hablar de él, e inmediatamente vino y se postró a sus pies*» (7,25). En una actitud de reverencia y de confianza. A pesar de su condición de mujer pagana y extranjera, que le prohibía acercarse a un judío, corre el riesgo de alzar su voz y suplica la curación de su hija

Esperaríamos que, como ya ha hecho en otras ocasiones, Jesús se ponga en camino y acompañe a la mujer hacia donde se encuentra su hija enferma; al menos eso es lo que había hecho con Jairo (Mc 5,24), (¡aquel era un judío de buena reputación!). Sin embargo, Jesús inicia una conversación en la que la mujer escucha que se pospone su petición porque es pagana, una excluida del ámbito sacral de Israel, alejada de la cercanía de Dios y del templo. «*No está bien tomar el pan de los hijos y echárselo a los perrillos*» (7,27).

La negativa de Jesús como judío parece clara: sería injusto privar del pan a «*los hijos*» para dárselo a los extranjeros. Y tendrá que ser esta mujer desconocida quien le enseñe a ensanchar el ámbito de Dios y a dejar a un lado sus prejuicios judíos. En boca de esta mujer pagana va a poner Marcos el tratamiento de «*Señor*» (*Kyrie*) dirigido a Jesús. Él todavía no le ha reconocido su dignidad, pero ella se adelanta a hacerlo con él y ve, y espera, más allá del momento presente.

Las respuestas desconcertantes de Jesús no la desaniman: no se va a encoger ni a callar, porque quiere lograr a toda costa la curación de su hija, tiene un motivo mayor, no se busca a sí misma. Ella no se deja vencer por su condición de extranjera ni por lo que la situación encierra de desprecio, y responde con humildad, audacia y sabiduría: «*también los perrillos comen de las migajas que caen de la mesa de los amos*» (7,28).

La mujer ha convertido la negativa de Jesús en una jerarquización: primero los hijos de Israel, pero después también los paganos. Mientras los judíos, como el hijo mayor de la parábola, van a rechazar entrar en el banquete, esta mujer reconoce que es tan abundante y espléndido que, con lo poco le llega, sabrá usarlo bien.

Thomas Merton escribía a Dorothy Day el 22 de diciembre de 1961: «A las personas no se las conoce por el intelecto, ni solo por sus principios, sino únicamente por el amor». Y eso es lo que esta mujer le revela a Jesús: su identidad profunda de criatura, amada por un Dios mayor que su etnia, su condición o su religión.

Esta mujer cananea le descubrirá a Jesús hasta dónde iba a dilatarse la fecundidad de su vida entregada, le *ensanchará el horizonte de su misión.* Y Jesús no solo ayudó a una mujer necesitada y a su pequeña, sino que experimentó la alegría del don que ellas, en su pobreza, le daban a él. Esta mujer extranjera y pagana –¡quién lo diría...!– había enseñado a Jesús a volverse un poco más hacia la novedad de Dios y hacia el misterio los otros. Abrió en él esa brecha de la inclusividad, que se iría dilatando cada vez más.

Jesús ha sido confrontado por la sabiduría humilde de esta mujer. Y descubre que la voluntad de Dios, su amor proyectado sobre el mundo, tiene caminos que él va a recibir también a través de los otros.

Esta mujer le posibilita comprender y abrirse a la universalidad de su misión, le revela algo más acerca del sueño de Dios: que su vida iba a ser entregada por todos. Y Jesús va a reconocer la autoridad de sus palabras: «*Por haber hablado así, vete, el demonio ha salido de tu hija*» (7,29). En el original griego viene a decirle algo así: «*Tu me has anunciado a mí una buena noticia*».

Por las palabras de esta mujer se produce la recuperación de la hija y, junto con ello, el acceso a la salvación de todos los alejados del ámbito sacral judío. Me recordaba una anécdota que ocurrió en Brasil: una misionera profesora entre los indígenas Munky dijo a una mujer indígena: «*Escucha, tengo una cosa que enseñarte*». La mujer indígena la miró y le dijo: «Diga mejor: "*tenemos algo que aprender juntas"*». Pensaba que eso es lo que esta mujer le haría sentir a Jesús. Ella se convierte ahora en repartidora del pan para todos.

Con la mujer cananea, y con tantas mujeres que a lo largo de la historia se arriesgan por otros y empeñan sus vidas en aliviar el sufrimiento, pedimos al Señor la gracia de ofrecernos con todo lo que somos para su Reino: «*Contigo, como tú, lo que tú*».

ORAR CON LA MUJER CANANEA

- *Pedir al Señor la gracia de no ser sorda a su llamada, sino dispuesta y solícita.*
  - Revivo mi primera llamada, la vocación inicial, la atracción hacia Jesús, el deseo de entregarme entera. El Señor, que conoce mi vida hasta el fondo, me necesita para ir en Su Nombre hacia otros. Solo él me regala la fecundidad
  - La llamada no es solo personal: he sido con-vocada con otras mujeres para seguirle y servirle juntas.

Lc 4,16-21: Me llama y me da su Espíritu

¿Cómo acojo esta llamada en mi corporalidad: mi psicología, mi temperamento, mi afecto, mi sexualidad...? Jesús quiere polarizar toda nuestra vida y dinamizarla hacia el Reino.

Soy una mujer perdonada, una mujer libre, a la que él quiere ungir con el perfume de su Espíritu. Dejar que lo vaya derramando sobre mí. Me dejo bautizar yo también:

- Sobre los *pies,* para caminar hacia los que están fuera y lejos.
- En las *manos,* para tocar bendiciendo a los no tocados.
- En los *ojos,* para ver que el fondo de lo real es bondad y misericordia.
- En la *boca,* para decir palabras que curan y dan ánimo.
- En os *oídos.* para escuchar el clamor profundo de los otros.
- En el *corazón herido y abierto,* para que la corriente de su amor pase.

🕮 ***Mc 7,24-30: Repartidora del pan***

Jesús ha sido confrontado por la sabiduría humilde de esta mujer. Y descubre que la voluntad de Dios, su amor proyectado sobre el mundo, tiene caminos que él va a recibir también a través del odre nuevo que una extranjera le ofrece.

- Contemplar la escena y preguntarnos:
  * ¿Corro riesgos en favor de otros?
  * ¿Cuáles son mis niñas endemoniadas?
  * ¿Qué invitaciones nuevas, que llamadas emergen en este momento de mi vida?
- Miro a Jesús cómo se deja cambiar por la relación con esta mujer, cómo le ensancha su horizonte:
  * ¿Me dejo yo también sorprender y conducir por los otros?
  * ¿Quiénes me anuncian a mí buenas noticias?

* ¿Qué realidades de las que vivo piden de mí una apertura, una visión nueva, un ensanchamiento del corazón?

- Hago el ofrecimiento de mi persona para el servicio de su Reino: ***Tomad, Señor, y recibid:***

  «Tomad, Señor, y recibid toda mi libertad,
  mi memoria, mi entendimiento, mi voluntad,
  mi afectividad, mi sexualidad, mi debilidad...
  todo es vuestro.
  Disponed...»

4.2. María en Caná: anticipando el banquete

«Fue a la entrada del pueblo de Ollantaytambo, cerca del Cuzco. Yo me había despedido de un grupo de turistas y estaba solo, mirando de lejos las ruinas de piedra, cuando un niño del lugar, enclenque, haraposo, se acercó a pedirme que le regalara una lapicera. No podía darle la lapicera que tenía, porque la estaba usando en no sé qué aburridas anotaciones, pero le ofrecí dibujarle un cerdito en la mano.

Súbitamente, se corrió la voz. De buenas a primeras, me encontré rodeado de un enjambre de niños que exigían a grito pelado que yo les dibujara bichos en sus manitas cuarteadas de mugre y frío, pieles de cuero quemado: había quien quería un cóndor y quien deseaba una serpiente; otros preferían loritos o lechuzas; y no faltaba los que pedían un fantasma o un dragón.

Y entonces, en medio de aquel alboroto, un desamparadito que no alzaba más de un metro del suelo, me mostró un reloj dibujado con tinta negra en su muñeca:

– Me lo mandó un tío mío, que vive en Lima –dijo

– ¿Y anda bien? –le pregunté

– Atrasa un poco –reconoció»[2].

🕮 ***Juan 2,1-11:*** *«Haced lo que él os diga»*

La sombra del Espíritu irá conduciendo a María por las encrucijadas, ella irá preparando los caminos para la sorpresa y para la irrupción de la vida de Dios. Con ella emergen posibilidades latentes, nuevas miradas y registros inéditos.

Con María tomamos conciencia agradecida de ese Maestro Interior que llevamos dentro. Es un tiempo en el que pedimos poder *gustar internamente* la acción del Espíritu en nuestras vidas y en la historia; *conocimiento interno* de ese Maestro para dejarnos mover por él, como se dejó María.

En el Evangelio de Juan, el primer lugar adonde Jesús va a ir con los discípulos es a una fiesta de bodas. Hacia ese banquete tienden nuestras vidas, como si quisiera mostrar que estamos hechas para la fiesta. El culto verdadero, del que Jesús le hablaba a la mujer de Samaría, es la celebración de nuestra vida, de toda vida, porque Dios se celebra en nosotros como ser humano.

---

2. E. GALEANO, «Celebración de la fantasía», en www4.loscuentos.net/cuentos/other/10/16/163/.

Celebrar toda vida

Las bodas en Israel, en esa época, duraban una semana. En arameo, la palabra *boda* y la palabra *beber* provienen de la misma raíz. El vino representa en la Biblia el gozo de la fiesta, la alegría del corazón. «*Has dado a mi corazón más alegría que cuando abunda el vino y el trigo*» (Sal 4,8). El vino es también el símbolo del amor nupcial en el Cantar de los Cantares: «*Son mejores que el vino tus amores*» (Ct 1,2). «*Tu boca es un vino generoso*» (7,10). «*Te daré a beber vino aromado*» (8,2). Pero en ese momento no tenían suficiente vino.

María se da cuenta de que no hay más vino, cuando la gente necesita brindar juntos y alegrarse, y le dice a Jesús: «*No tienen vino*» (2,3), como si quisiera decirle: «están faltos, carentes de tu vida...». Lo que desencadena el gesto es el «*no tienen vino*» en boca de una mujer. María es quien pone en marcha el proceso de transformación. Es la madre de las transformaciones, intuye que las cosas no pueden seguir así.

Es la de María una manera de mirar que descubre lo necesitados que estamos de Dios y nos dirá aquellas palabras a las que engancharnos de por vida: «*Haced lo que él os diga*». Ella nos enseña que es una voluntad infinitamente buena y que lo mejor que nos puede pasar es abandonarnos a ella.

Y la respuesta de Jesús parece, a primera vista, que no es asunto suyo, pero el hecho es que cambia el agua en vino. «*Había allí seis grandes tinajas de piedra*» (2,6), y Jesús dice a los servidores que las llenen de agua. Cuando tenga lugar la transformación en vino, la cantidad será mucha más, como queriendo simbolizar que Dios da en abundancia. Jesús da siempre demasiado.

La *antigua alianza* se presenta en este pasaje como una boda en la que se ha terminado el vino, la alegría, el amor. Todo ha quedado reducido a legalismo, las tinajas de piedra están vacías (2,6), y Dios quiere hacer una alianza nueva, regalarnos un tiempo nuevo. Lo que está detrás del simbolismo es que estamos hechos para las bodas; que no existan más esas divisiones en la humanidad: divisiones entre pueblos, entre ricos y pobres. «*Jesús vino para hacer caer los muros que separan a la gente, para que lleguemos a ser un pueblo donde el agua de nuestra humanidad sea cambiada en el vino de Dios*» (J. Vanier).

Jesús nos ofrece los medios para que seamos transformadas. *Transformación* no es lo mismo que cambio; queremos cambiar cuando nos cuesta aceptarnos tal como somos. Las estrategias del cambio tienen en ocasiones elementos agresivos. Nos irritamos contra nosotras mismas. La transformación es algo más suave; solo puede ser transformado lo que he aceptado. Observar y acoger lo que hay en nosotras para presentarlo ante Dios, sin juicio. La transformación requiere siempre un encuentro. Quién se limita a cumplir las leyes interiores se incapacita para disfrutar de la boda, para participar en la boda. Solo quien bebe de la fuente del amor puede tomar parte en la celebración.

Se trata de soltar los odres viejos que haya que soltar y de dejarnos llenar sin miedo; de poner las tinajas de nuestras vidas a circular, de no esconderlas ni retenerlas, porque se nos avinagran. Y llevar el vino a aquellos que no se saben invitados, salir a los caminos a convidar al banquete a cojos, ciegos, lisiados y abandonados.

Las dos veces que María aparece en el Evangelio de Juan, en Caná y en la cruz, está en estrecha colaboración con los discípulos. En el primer momento, con el grupo entero de discípulos; en el segundo, con el discípulo amado. Sentir que estamos en «estrecha colaboración con ella».

Anticipar la hora de la alegría

Señala Joan Chittister: «*Si el papel de la vida religiosa se considera sencillamente funcional, las necesidades son demasiadas y las vocaciones insuficientes... Entonces la cuestión es si es todavía de alguna utilidad la vida religiosa en la era del laicado*».

¿Somos útiles todavía? ¿Fueron útiles los años en la vida de Jesús de los que no sabemos nada? ¿Era útil el pequeño óbolo de aquella viuda en el templo? ¿Son útiles los millones de seres humanos que no aportan a los ojos del Fondo Monetario Internacional? Y estamos llamadas a vincular nuestras vidas a las suyas.

No entrar a medir el valor de nuestra vida por la utilidad que podamos tener. Eso es lo que prima en la cultura dominante: «*tanto aportas, tanto vales*». Por eso la competencia es brutal, y aparcamos a las personas con discapacidades, a los ancianos y a todos aquellos que no producen. Este modo de funcionar nos deshumaniza. La propuesta viene de otro centro: no es la utilidad, sino *la gratuidad,* la que pasa a formar parte del origen y la identidad de nuestra vida. Que quiere vivirse constantemente ofrecida, al modo de Jesús, que busca reconocer y consentir al tiempo de Dios que acontece en lo gratuito y en lo que no cuenta. «*No solo somos responsables del trabajo; somos también responsables de la alegría*» (B. González Buelta).

En un mundo conectado y diverso, plural y fragmentado, que ansía reconocerse Uno, que busca a tientas hermanarse, urge encender *la hora de la amistad y la alegría.* La *hora del color* en una Iglesia donde con frecuencia abundan los tonos negros y grises, porque los vivos colores de las mujeres no se tienen en cuenta cuando hay que tomar decisiones, elaborar documentos o hacer proyectos.

Somos convocadas con otros a anticipar la *hora de la alegría,* en la que el grano enterrado dará fruto. Porque no es nuestra semilla, sino la de Dios enterrada en nuestras vidas, la que día y noche crece en la historia sin que podamos medir cómo.

Ser mujeres del «tercer día»

La escena que nos ha movilizado ocurre *«al tercer día»* (2,1). Caná es el *comienzo* del recorrido que desembocará en ese momento culminante que se designa como *la hora* de Jesús, la de su vida entregada por amor. En los Evangelios, el tercer día es aquel en que Jesús es levantado de entre los muertos. Somos invitadas a ser mujeres del *tercer día,* en el que nos disponemos confiadas a la acción de Dios, un tiempo tomado por Dios, donde él ocupa el lugar principal.

Necesitamos *generar espacios de presencia y calidez* donde sea posible anticipar este día. Devenir *presentes* a los hombres y mujeres de nuestro tiempo. Reconocer su anhelo profundo de ser comprendidos y sanados. Ofrecerles espacios donde no se sientan juzgados, sino donde al calor del cariño, con un amor apacible y secreto, pueda emerger lo mejor.

Mujer imprescindible para que no falte el vino. María nos hace caer en la cuenta de las posibilidades de nuestras tinajas y de lo que Alguien quiere ir haciendo en ellas. El maestresala dice a Jesús: «*Tú, en cambio, has reservado el vino de mejor calidad para última hora*» (2,10). Ahondar en estas palabras: el vino del final es más sabroso que el vino del principio. Tenemos tendencia a idealizar el pasado, pero el evangelio nos dice que lo mejor de nuestras vidas está aún por acontecernos.

Entrar en ese banquete junto a María, observar sus sentimientos, pedirle que nos enseñe sus modos, dialogar con ella cómo está nuestra capacidad de disfrute, nuestro vino; llevarle también esas realidades más necesitadas.

León Tolstoi esboza un retrato de su tía, que le hizo de madre cuando quedó huérfano. Dice así:

> «Lo que más me impresionaba de ella y lo que más influía en mi era su admirable bondad con todos sin excepción. Intento recordar –y no lo logro– una sola vez en que se hubiese molestado, en que hubiera dicho una palabra dura, en que hubiera pronunciado un juicio contra alguien. En treinta años de vida a su lado, no recuerdo que lo haya hecho jamás, ¡ni una sola vez! Nunca enseñaba con palabras cómo había que vivir... Todo su trabajo espiritual lo hacía por dentro; por fuera solo se veían sus actos, mejor dicho, algo más que sus actos: su vida serena, amable, solícita, no con un amor inquieto vuelto hacia ella misma, sino con un amor apacible y como secreto. Trabajaba en una obra de amor interiorizado, y por eso le resultaba imposible estar inquieta. Y estas dos facultades –la paz y el amor– atraían a los demás y proporcionaban a su trato un encanto especial. La rodeaba un ambiente cálido de amor, de amor a los presentes y amor a los ausentes, a los vivos y a los muertos, a los hombres y hasta a los animales»[3].

3. Citado en K. LACHMANOVA, *Compasión,* Sígueme, Salamanca 2005.

Que María nos enseñe esa *obra de amor interiorizado,* sea cual sea nuestro momento y el espacio y los rostros donde se despliega nuestra vida.

ORAR CON MARÍA EN CANÁ

📖 ***Jn 2,1-11:*** *«No tienen vino»*

- Pídele a María su sensibilidad, su libertad de corazón, para caer en la cuenta de las personas y las realidades más necesitadas y llevarlas a Jesús.
- Contempla la capacidad creativa de María, su imaginación, y acoge su invitación a entrar tú también en el ambiente del banquete, de la fiesta, de la vida celebrada.
- Pídele que te enseñe los *«modos»*, las palabras oportunas y los gestos para acoger y celebrar la vida del Reino que acontece.

▶ ***Celebrar la vida, toda vida***

- ¿Qué realidades y lugares de nuestro mundo están carentes de vino, no se puede celebrar, falta la alegría...? Trae esas situaciones ante Jesús.
- ¿Qué situaciones de tu vida están necesitadas de vino, de frescura, de fiesta...? Ponlas también con María ante Jesús.

«No solo somos responsables del trabajo; somos también responsables de la alegría».

(B. GONZÁLEZ BUELTA)

- ***Pregúntate:***
  - ¿Cuáles son los odres viejos que necesito soltar para poder acoger en mí este vino nuevo que fermenta el Señor?
  - El maestresala dice a Jesús: «*Tú, en cambio, has reservado el vino de mejor calidad para última hora*». Ahonda en estas palabras.
  - ¿He caído en la cuenta de que Dios convierte el mejor vino de mi vida en este momento presente? ¿De que lo mejor en mi está por ofrecerse?

- ***Trae al corazón los nombres*** de las personas con las que celebras el banquete de tu vida, aquellas que Dios ha puesto en tu camino para conducirte hacia Él. Las que siguen aquí y las que ya cruzaron hacia la otra orilla
  - Comparte tu vino con ellas, brinda, **agradece**... da gloria a Dios.

5

ENTREGADAS

5.1. Una viuda pobre y generosa

«Juntos Tú y yo, Señor, podemos todo.
Por esto:
porque Tú estás conmigo y Tú eres fuerte;
pero también por esto:
porque yo estoy contigo y yo soy débil.

Por carecer de fuerza en sí misma, la hiedra,
es por lo que se eleva hacia la altura
adhiriéndose al tronco milenario.

Por carecer de vida en sí mismo, el sarmiento,
es por lo que florece y fructifica
injertado en la vid.

Injertando mi nada en Ti, que eres la Vida,
podemos florecer.
Adhiriendo mi nada en Ti, que eres la Fuerza,
podemos resistir.

Juntos Tú y yo, Señor, podemos todo...
Déjame solamente carecer»[1].

1. Poema inédito de Cristina WHITE, RSCJ.

🕮 **Lucas 21,1-4:** *«Ella ha entregado todo lo que tenía»*

Nos sentimos como mujeres conducidas que quieren celebrar la vida y corresponder al sueño de Dios sobre el mundo. Entregarnos a ese sueño con Jesús es dejar que se active y vaya tomando fuerza en nuestras vidas el principio de la compasión y la generosidad. Mirar como mira Jesús nos educa, nos pone *grandes los ojos.* Vamos a contemplarlo a través de un icono: la viuda pobre que da todo lo que necesita para vivir. Es un gesto que pasa desapercibido para muchos otros y que, sin embargo, Jesús recibe y alaba. Se trata de una mujer anónima que practica la misericordia a través de sus pérdidas y de su pobreza.

Dice el relato que Jesús estaba sentado frente al lugar de las ofrendas y observaba. Acaba de instruir a los suyos sobre el peligro de la vanidad, del apego a las cosas materiales, de la búsqueda de la fama y el reconocimiento (Lc 20,46-47) y, sentado frente al lugar de las ofrendas, ve cómo algunos ricos echaban mucho, y al descubrir de pronto a una viuda pobre que echó dos moneditas, dijo: «*De verdad os digo que esta viuda pobre ha echado más que todos. Porque todos estos han echado de lo que les sobraba; ella, en cambio, ha echado de lo que necesitaba, todo lo que tenia, su vida entera*» (Lc 21,1-4).

No hay más comentarios, ni la escena continúa. Lo ha dicho todo. Jesús ha descubierto en aquella mujer una actitud espléndida: el comportamiento de alguien que lo espera todo de Dios. Nos encontramos ante una mujer sin nombre, no sabemos si joven o mayor, de quien solo sabemos que era viuda. Las viudas, en el sistema socio-jurídico de entonces, eran las personas más desprotegidas de Israel. Habiendo perdido al marido, que le daba protección y sustento, una viuda quedaba sin nadie que velara por ella. Económicamente, ni los familiares de su difunto marido ni sus propios familiares tenían la obligación de hacerse cargo de ella, y muchas veces terminaban pobres y abandonadas.

Jesús nos hace mirar la magnanimidad, la generosidad de esta mujer en medio de su pobreza: «*ha echado más que todos*». En el acto de donar, el dinero que echaban los que más tenían hacía mucho ruido al caer; las dos monedas de la viuda apenas suenan. Hay que tener un oído que vela para descubrir ese gesto silencioso de una mujer que vive ofrecida, porque no retiene nada. También Jesús entregará poco después, por amor, todo lo que tenía para vivir: él se identifica con esta mujer viuda.

El gesto de esta mujer es todo lo contrario de controlar y de guardar lo que tiene. Su atrevido gesto la deja abierta, vacía y disponible para recibirse de una vida mayor, para confiar en la bondad del Misterio. Etty Hilessum escribía en su diario en plena deportación: «*En adelante todo me pertenece, y mi riqueza interior es inmensa... Tú que me has enriquecido tanto, Dios mío, permíteme también dar a manos llenas*»[2].

El movimiento de la generosidad

Jesús hace suyo este movimiento de generosidad de la vida que se entrega. Reunir la capacidad de generosidad es reunir la energía creadora en nosotras; cuando amamos, estamos del lado de la vida. La práctica de la generosidad

2. E. FRANK, *Con Etty Hillesum en busca de la felicidad*, Sal Terrae, Santander 2006.

comienza por la donación de cosas concretas, tiene que ver con la cualidad de la benevolencia y con la cualidad de la *disponibilidad.*

En todas las grandes religiones se concede mucha importancia a las *limosnas,* a la esplendidez en las cosas materiales, no por la cantidad, sino por el hecho de donar. Lo importante no es la cantidad, sino la cualidad, la actitud del corazón. Dice un proverbio: «*El que quiera recibir en su interior ha de dar externamente*», porque el hecho de ofrecer algo externamente nos hace capaces de abrir nuestro interior.

¿A qué nos aferramos? A cosas con frecuencia pasajeras, sin gran valor si reflexionamos sobre ello; pero nos identificamos con ellas y creemos que nos dan seguridad. Estas prácticas tienen como finalidad deshacernos del antiguo funcionamiento del ego, que tiende hacia la seguridad y la protección. Cuando nos abrimos en el plano de las posesiones, también se abre algo en el plano del corazón.

Otra de las cualidades de la generosidad es *la protección.* La vía de la compasión nos dice que no se trata de querer dar algo, sino de estar abiertas, de no cerrarnos a la petición. Podemos ofrecer el amparo de nuestra benevolencia. Darse una misma mediante un gesto, un apoyo afectivo, dar también a la otra persona la capacidad de liberarse de nosotras. Una madre da a su hija lo que necesita, pero también la capacidad de no depender de ella, de crear y de ser por ella misma. Protección no significa proteccionismo, sino ofrecer suelo, espacio para crecer, ofrecer calidez y presencia. Se trata de tener las *manos abiertas,* de aceptar al otro, de ofrecerle espacio y atención. Tenemos toda la vida para aprender a amar bien.

No retener

Aquello a lo que estamos apegados nos ata; aquello que poseemos nos posee. Estar sana significa poder abrir y cerrar. Hemos de ser capaces de tomar, de recibir, de abrazar y de soltar. La generosidad es también saber contentarse con lo que se tiene. Es el reconocimiento de lo que se nos ha dado; y se nos ha dado mucho. Saber acoger con gratitud lo que se nos ha concedido: entonces es cuando somos capaces de dar.

Ser generosas tiene que ver con estar disponibles y permanecer abiertas. No aferrarnos a las tareas, a las personas, a lo que hicimos o fuimos en otro tiempo. Es estar abiertas para dejarnos llevar allí dónde la vida precisa de nosotras. Es atrevernos a echar nuestras dos monedas, a pesar de sentirlas de tan poco valor, porque ese gesto es lo que da sentido a nuestra vida y vuelve fecunda también la de otros. Pasar de nuestras manos aferrantes a unas manos que se extienden para ofrecer y compartir.

San Agustín decía: «*si extiendes la mano para dar, pero no tienes misericordia en el corazón, no has hecho nada; en cambio, si tienes misericordia en el corazón, aun cuando no tuvieses nada que dar con tu mano, Dios acepta tu limosna*». Ante todo, importa el don interior y la actitud de apertura hacia los otros, la disposición a ayudar.

Empobrecernos para aliviar

Los que enriquecen a los demás, los que *sostienen desde abajo el mundo,* son aquellos hombres y mujeres que se dan a sí mismos, entregando las dos últimas monedas que les quedan. ¿Soñamos en un mundo de mujeres y hombres con pérdidas que dan, que se dan, porque están dispuestos a un nuevo amor, un amor distinto, gratuito, abierto?

Necesitamos generar, personal y comunitariamente, nuevos cauces para canalizar nuestra generosidad y creatividad. Decía Carlos de Foucauld: «*cualquiera que sea la forma de pobreza a la que esté llamado, una cosa es segura: si amo a mis hermanos no puedo ser muy rico... Cuando amamos al prójimo, el primer fruto de este amor es empobrecernos para aliviarlo*».

En esta mujer pobre y generosa reconoce Jesús dos bienaventuranzas: «*Dichosos los pobres..., porque de ellos es el Reino de los cielos. Dichosos los misericordiosos, porque ellos alcanzarán misericordia*» (cf. Mt 5,1-10).

También a aquella viuda de Sarepta, que alimentó a Elías con lo único que tenían para sobrevivir ella y su hijo, le dijo el profeta: «*No tengas miedo, que el cántaro de harina no se vaciará, la aceitera de aceite no se agotará, hasta el día en que el Señor envíe la lluvia sobre la tierra*» (1 Re 17,7-16).

Que la viuda pobre del Evangelio sea para nosotras un icono donde aprender los *modos* de Jesús. La donación, la generosidad y la confianza; el abandono en la bondad del Misterio.

> «A Noemí, la viuda pobre, todavía le dolían los dedos de las manos cuando depositó en silencio su ofrenda para los pobres en el cepillo del templo. Había trabajado todo el día cosechando aceitunas en el olivar de Sadoc, un alto funcionario. Al final de la jornada, pensó que ningún vecino estaba en apuro urgente. Ella no había comprado nada a crédito en la tienda de Josías. Su velo descolorido podía durar más tiempo. Y no le seducirían el corazón las bara-

tijas que anunciaba un vendedor ambulante sentado en su camello. Noemí sabía mucho de hambres hincadas como un alfiler en el centro del estómago, de deudas enviando mensajeros con insistencia y amenazas, y de emergencias repentinas desequilibrando en un instante la frágil existencia. Por eso dejó con alegría unos centavos en el templo, regalo suyo y de Dios para un hermano. Era poco dinero, pero lo era todo para ella. Y todo el corazón quedó abierto para todo el don que el Dios del Reino le ofrecía»[3].

ORAR CON LA VIUDA POBRE

📖 ***1 Reyes 17,7-16:*** *«El cántaro de harina no se vació, como lo había dicho el Señor»*

Entra en este relato del AT:

- ¿Qué temes perder en este tiempo? ¿Qué te reservas porque tienes miedo de vaciarte, de secarte?
- Acoge la promesa del profeta, allí donde estás tus temores: *«El cántaro de harina no se vaciará»*.

📖 ***Lc 21,1-4: La generosidad en el amor***

Mira el aprecio con que Jesús contempla la vida de esta mujer pobre

- ¿Me creo de verdad que mis *dos moneditas* son tan valiosas para Dios? ¿Me atrevo a echarlas sin creer que sirven para poco?

3. B. GONZÁLEZ BUELTA, *El rostro femenino del Reino. Orar con Jesús y las mujeres,* Sal Terrae, Santander 2008.

- ¿Qué significa para mí en estos momentos *dar* de aquello que necesito para vivir? ¿Qué niveles de confianza supone vivirme desde ahí?
- ¿Qué retengo, a qué me aferro, que no me deja darme entera?
- ¿Me vivo desde el «agradecimiento», con generosidad, o me vivo desde la «obligación», reservándome?

▶ ***Me pongo junto a Jesús,*** le pido que me enseñe *sus modos* de entregarse:

- ¿Qué personas observo yo que, en su pobreza, dan lo que son y lo que tienen?
- Las traigo al corazón y doy gracias por ellas. *Mt 5,1-10.*

5.2. Marta junto a Lázaro: llamar a la vida

«Hemos de sumergirnos del todo en la amistad, lo mismo que en Dios, para volver a emprender el camino con una fuerza y potencia nuevas, hacia los hombres, hacia el mundo de ahora: "no permitas que se pierda nada del amor".

Tenemos la necesidad o, mejor, la exigencia clamorosa de expresar la amistad... La experiencia trascendente de Dios y el encuentro personal con el amigo en sus dimensiones más profundas convergen en una unidad cuya evidencia solo sospechamos, pero que nos colmará de dicha: que todos sean uno, como Tú, Padre, en mí y yo en Tí. Esto penetrará hasta nuestra sensibilidad y nuestro ser corporal en la evidencia de una experiencia de felicidad intensa...

Toda vida nace de la liberación en profundidad de nuestras fuerzas afectivas; tratar de vivificarlas, de hacerlas más profundas, de alimentarlas, es prepararse al encuentro definitivo con Dios»[4].

🕮 *Juan 11,1-31: «Tu eres el que tenía que venir»*

Vamos a contemplar en el Evangelio de Juan qué significa para Lázaro, para Jesús y para Marta ser capaces de vivir una amistad que los pone en *estado de amor* y cómo su relación hace *transparente* la potencia del amor de Dios en medio de ellos. Jesús, en una situación de pérdida y de fragilidad, invita a Marta a crecer en intimidad con él: «*Si quieres venir conmigo más adentro, si te atreves...*», y la llama a ser generativa, a dar vida, a llamar a la vida en otros.

Nos adentrarnos en el capítulo once de Juan, en ese desplegarse de los afectos y los vínculos. Marta va a ir creciendo en hondura y en capacidad de donación, va a ir *ordenando* su casa, va a ir embelleciendo y madurando como persona.

«*Cuando Marta oyó que Jesús llegaba, salió a su encuentro*» (Jn 11,20). Ella toma ahora la iniciativa. En las situaciones límite de la vida nos damos cuenta dónde hemos puesto nuestro centro, en qué tenemos enganchado el corazón. Cuando Marta tiene que soportar y enfrentar

---

4. J.M. RAMBLA, *Dios, la amistad y los pobres. La mística de Egide van Broeckhoven, jesuita obrero.* Sal Terrae, Santander 2007, p. 138. Egide murió en diciembre de 1967, cuando unas chapas de metal le cayeron encima en la fábrica donde trabajaba. Acababa de cumplir 34 años. Su modo de entender la amistad, su amistad con los pobres, y de vivirla como experiencia honda de Dios, me evoca la relación de Jesús con Lázaro y sus hermanas.

la muerte de su hermano, será para ella un momento de verdad consigo misma y con Aquel que le estaba enseñado a vivir.

Ahora se sitúa al lado de María, y mandan juntas un mensaje a Jesús. No es una petición explícita, pero sí conlleva una confianza honda en las posibilidades del amor: «*Señor, tu amigo está enfermo*». No le dicen «nuestro hermano», porque quieren vincularlo a él: «*aquel que tú amas está enfermo*».

«*Jesús amaba a Marta, a María y a Lázaro*» (v. 5), y es en esa corriente de vida donde aprendemos el poder curativo que tienen las relaciones. Volver a la casa de sus amigos, en un momento en que están tan heridos, le supone también a Jesús dejarse herir. Algo tendrá que perder él para darle al amigo. La intimidad nos hace vulnerables: «*Maestro, hace poco que los judíos quisieron apedrearte. ¿Cómo es posible que quieras volver allá?*» (v. 8). «*Vamos también nosotros a morir con él*» (v. 16).

Y es en esta situación de vulnerabilidad donde Marta se deja ordenar y hace su aprendizaje de verdadera discípula. ¿Qué ha ido aprendiendo Marta desde aquella vez que pedía ayuda para ella? ¿Qué ha ido experimentando en el vivir cotidiano de cómo se transfiguran la casa y los quehaceres y los dolores cuando el Señor está allí? Ahora es una mujer que ha crecido y que se atreve a expresar una petición mayor, ya no para ella, sino para su hermano, y le dice a Jesús: «*Señor, si hubieras estado aquí, no habría muerto mi hermano*» (v. 21). «*Aun así, yo sé que todo lo que le pidas a Dios, él te lo concederá*» (v. 22).

Jesús encuentra una oportunidad para manifestarse. La sumerge un poco más adentro, él mismo es la Puerta de la Vida. Cruzar esa puerta es invitación suya, y decisión nuestra empujarla suavemente hacia dentro y avanzar allí donde ya no sabemos. Hasta aquí, Marta sabía; ahora dejará que sea Jesús el que la adentre donde no sabe. «*El que esté vivo y crea en mi jamás morirá. ¿Crees esto?*» (v. 26). Como si quisiera decirle: «*¿Eres capaz de contener esto? ¿Estás preparada para acogerlo?*»... «*Sí, Señor*» (v. 27).

Marta entra en el Sí de Dios, en su afirmación por cada ser que vive y respira, confirmando a Jesús en su propia experiencia de hijo amado: «*Tú eres... el que tenía que venir*» (v. 27).

Nuestra vida es una constante creación, un constante descubrimiento de nosotros mismos. El sentido de la vida es mi afirmación profunda, pero una afirmación que implica al mismo tiempo la expresión plena de mí y la afirmación cada vez mayor de los demás. Es muy fuerte el vínculo que Jesús y Marta están tejiendo. Sin vínculos no podemos cuidar la vida ni ayudarla a crecer.

Afirmar nuestros vínculos

Los vínculos son lazos que mantienen a dos personas unidas y las comprometen a ocuparse la una de la otra. Los vínculos se crean a través del contacto o la *conexión.* El gran indicador de la calidad de nuestros vínculos es nuestra capacidad de cuidar del otro, de *favorecer su bienestar y crecimiento.* Hay muchas formas y grados de cuidado de los demás. La más básica de todas es el *respeto:* no dañar, no interferir, no obstaculizar su desarrollo; otra forma es *interesarnos,* experimentar atracción, curiosidad, receptividad, preocupación por sus vidas... y, en consecuencia, compartir empáticamente lo que deseen compartir. *Satisfacer* sus necesidades más elementales de escucha, de consuelo, de apoyo, de información, de compañía. Y el cuidado más profundo y comprometido es *nutrir* activamente a los otros: con alimento, protección, cariño, educación, sabiduría..., y dejarnos nutrir por ellos.

Nuestra capacidad de cuidar implica nuestra capacidad de *ver* a las personas. Y para ver bien necesitamos haber superado, al menos en parte, nuestra miopía infantil: nuestro egocentrismo, nuestra avidez, nuestros miedos, nuestras desconfianzas[5].

Muhammad Yunus, el banquero de los pobres que recibió el Nobel de la paz, a la pregunta «*¿Cuál es la lección más revolucionaria que ha aprendido de los pobres?*», responde: «*Lo más grande que he aprendido es que cada ser humano posee un potencial ilimitado... la lástima es que nos limitamos a arañar la superficie*». Creer en las posibilidades dormidas en cada persona, en su potencial ilimitado, en el trabajo del amor en ella; en su capacidad de ser sanada y ordenada para la vida: «*tú eres el que tenía que venir a este mundo*» (v. 27b). Ojalá pudiéramos recibir a cada persona como «*la que tiene que venir*», porque algún crecimiento nos viene con ella, algún amor y algún dolor, aunque solo podamos descubrirlo después.

Marta estaba como Moisés, mirando esa tierra prometida que era el cuerpo abierto de Jesús: «*Yo soy la re-*

---

5. «El árbol frondoso, que se sostiene sobre su propio tronco, da mucho: sombra, cobijo, frutos, materiales... Pero también recibe la compañía e influencia de muchos otros: lluvia, sol, hongos, aves, bacterias, escarabajos... Y así, como interactúa con los demás a través de innumerables vínculos recíprocos, la vida entera fluye por doquier entrelazando a todos los seres vivos e inertes del bosque. Ese es el poder de los vínculos, es decir, del amor».
www.psicodinamicajlc.com/blog/pivot/entry.php?id=72

surrección y la vida» (v. 25); y hace la misma confesión que Pedro: «*Yo creo que tú eres el Mesías*» (v. 27). Dice Juan que «*Jesús se detuvo en el lugar donde Marta se había encontrado con él*» (v. 30). También él tenía necesidad de ahondar lo recibido en ese intercambio mutuo de saberes y de dones. En el diálogo, en la escucha que se han regalado, cada uno ha encontrado su lugar, sabiéndose aceptado y reconocido por el otro, pasando por una experiencia de transformación mutua.

Marta «*había salido*»: continuaba el éxodo para ella, su camino de liberación. Sus pies ligeros, como los pies de tantas mujeres en los evangelios, ya saben hacia dónde van y detrás de quien; ha crecido en madurez y en humanidad. En adelante será una *mujer despierta,* capaz de despertar a otros. Busca a su hermana, ya no rivaliza con ella, y le dice en secreto: «*El Maestro está aquí y te llama*» (v. 30).

La escritora brasileña Lya Luft, escribe en su libro *Pérdidas y ganancias:*

> «La madurez es comprender que somos un poco señores de nuestra vida de nuestro destino, y que podemos tomar decisiones para hacernos más libres, más felices, más sinceros, más humanos... Cuando uno madura, es necesario tener un bagaje interno de cosas positivas, de sabiduría, para no portarse siempre como un niño pequeño... Hay que ver qué se espera de la vida y aprender a convivir un poco con la soledad. Hay que procurar tener a gente a quien se quiere y que te quiere: es tejido que se va creando a lo largo de la vida. Porque si no, nos sentimos víctimas; y la victimización produce hostilidad contra todos y contra todo»[6].

---

6. Entrevista publicada en el diario *El País,* 10/2/05.

Al principio Marta se siente víctima ante su hermana: ella es la que hace, la que trabaja más; al final se sentirá señora de su vida, libre para elegir lo que la hace más humana y vital.

🕮 *Jn 11,32-46:* *«Desatadlo y dejadlo ir»*

Vamos a poner nuestra mirada en Lázaro, a escuchar lo que Jesús hace en él, y lo que nos invita a hacer a nosotras. Jesús va a abrazar la pérdida de Lázaro hasta el fondo; y cuando el dolor y la pérdida se abrazan, dejan de ser nuestros enemigos. «*Profundamente emocionado, se acercó más al sepulcro*» (v. 38) que un día acogería también su cuerpo. Recorrió así el camino que después recorrerían las mujeres tras su muerte.

«Marta, la hermana del difunto, le dice: "Señor, tiene que oler muy mal, porque ya hace cuatro días que fue enterrado". Jesús le contestó, "¿No te he dicho que si tienes fe verás la gloria de Dios?"» (vv. 39-40). Para ver la gloria de Dios hay que ir a los lugares donde huele mal, y no salir corriendo. Hay que atreverse, poco a poco, a bajar en nosotros allí donde el olor no nos deja pasar, y esperar el aroma inesperado que desde el amor invadirá toda la casa.

Los lugares que huelen mal atraen como un imán el cuerpo de Jesús. Porque el leproso al que quiso tocar expresamente también olía muy mal, y olía mal el hijo que regresaba de estar junto a los cerdos. La gloria de Dios pasa por esos malos olores; y necesitamos ir allí para poder verla. Lázaro representa nuestro mundo herido de muerte, enfermo. Representa esa humanidad ante la que Jesús nos conduce para tender nuestras manos. Las personas tienen muchas zonas de su vida necrosadas, atrapadas en los sepulcros, y Jesús nos envía a liberar, a desatar vendas... a poner en pie.

«Nuestro amigo Lázaro está dormido; voy a despertarlo» (v.11). Las fuentes de la alegría, las fuentes de la confianza, del agradecimiento en el mundo y en nosotras...: esas fuentes no están muertas, están dormidas; y nos toca despertarlas con la voz, con los gestos, con las miradas.

Quitar vendas

Ante Lázaro, Jesús llora. Es como si algo se rompiera en él. Contemplar a Jesús profundamente humano y vulnerable. «Lázaro no tiene más mérito que el de ser alguien amado por Jesús. Es un personaje sin palabra propia. Son sus hermanas las que le prestan su palabra, las que se quejan por él ante Jesús y las que le lloran. Son las mujeres las que se hacen cargo de este símbolo de humanidad frágil y necesitada, pobre, ante Jesús» (Mercedes Navarro).

El primer paso es remover la piedra. Quien yace tras la piedra está cerrado a cualquier tipo de relación. Cuando la piedra es removida, Jesús ora y dice: «*¡Lázaro, sal fuera!*» (v. 34). Él llama a su amigo, y sus palabras de amistad y amor van dentro de la cueva a levantarlo, lo despiertan y le instan a salir del sepulcro andando. La palabra de amistad de Jesús nos alcanza incluso en lo que está necrosado en nosotras. Dicen que *«el gran dolor de los pobres consiste en que nadie tiene necesidad de su amistad»*. Son las palabras del amigo las que nos enriquecen y nos levantan.

Lázaro sale afuera: «*sus pies y sus manos estaban atados con vendas, y su rostro envuelto en un sudario*» (11, 44). No es libre todavía, está sujeto por las vendas. Algunas ligaduras pueden ser bloqueos internos, dependencias, miedos, inseguridades. El rostro de Lázaro está tapado, oculto tras una máscara, no se le puede ver. La vuelta a la vida culmina cuando Lázaro está libre de ataduras y puede caminar: se le puede ver con claridad, y él puede mirar con claridad. Despertar, caminar hacia la vida, significa ayudar a vivir conscientemente con los ojos abiertos, sin máscaras ni cadenas.

Nos ponemos junto a Jesús, con Marta y Lázaro, y acogemos sus constantes invitaciones a afirmar la vida, a posibilitarla en otros, a dejarla acontecer en nosotras en todos sus registros. Pedimos *conocimiento interno* del Señor, para poder amarle y servirle más despiertas.

ORAR CON MARTA Y LÁZARO

Jn 11,1-31: *Afirmar otras vidas*

Le pido a Marta que me enseñe esa confianza honda en que el Señor conduce nuestra vida y que, a través de todas las situaciones, nos lleva más adentro de lo que hubiéramos podido imaginar. Es en una situación de vulnerabilidad donde Marta se deja ordenar, Jesús la invita a crecer en intimidad con él y la llama a ser generativa, a dar vida, a llamar a la vida en otros. Nuestra capacidad de cuidar, de crear vínculos, implica nuestra capacidad de *ver* a las personas.

- ¿Qué me ayudaría a afirmar la vida de los otros?
- ¿Cómo tejo mis vínculos? Pedir al Señor aquello en lo que necesito crecer.
- Voy acogiendo rostros, mirándolos en su profundidad y diciendo sobre cada uno: *«tú eres el que tenía que venir»*.

Jn 11,32-46: Desatar, quitar vendas, dejar ir

- Escuchar el clamor de nuestro mundo herido por la violencia, las divisiones, la indiferencia... y pedir no ser sordas a las invitaciones, a las llamadas de Jesús en la realidad.
- Pedir la gracia de escuchar el dolor del mundo y de desear bañarlo en la bondad y en el consuelo de la vida de Dios.

▸ ***Escuchar el deseo de Dios en boca del profeta:***

«Voy a abrir vuestros sepulcros, os sacaré de vuestros sepulcros... os infundiré mi espíritu y viviréis?»
(**Ez 37,12-14**).

Preguntarme:

- ¿Qué «*Lázaros*» me duelen y ocupan mi corazón? ¿Qué rostros llevo ante Jesús? ¿Por quiénes intercedo yo?
- ¿Cómo se traduce en lo concreto de mi vida mi implicación con las personas más lastimadas?
- ¿Visito lugares que «*huelen mal*»? ¿Corro riesgos por otros?

- ***Y sentir que Jesús nos dice:*** *«¡Quitad la piedra!»*. Jesús nos invita a retirar sin miedo las piedras para poder decir a los demás: *«Sal fuera»*. Sal fuera de lo que te resta la vida, de lo que te lleva al desánimo, de lo que no te deja relacionarte en reciprocidad... Sal fuera y entra en el reino de la confianza y de las posibilidades nuevas: *«Desatadlo y dejadlo ir...»*.

  Jesús nos invita a ser *quitadoras de vendas:*

  - Desatar a las personas para afirmar sus derechos a ser respetadas y tratadas dignamente
  - Desatarlas para que puedan equivocarse y aprender de sus errores
  - Desatarlas para que puedan sentirse queridas en su debilidad
  - Desatarlas para que puedan aceptar el tiempo que les toca vivir
  - Desatarlas para que puedan desplegar todas sus capacidades

- ***Desatar es llamar a la vida...***

  - ¿Adónde me envía hoy Jesús a *soltar vendas*?
  - ¿Cómo podría hacerlo a *su modo*? ¿Qué aprendo al contemplarlo?

- Al acabar tu oración, intenta ponerte en ***el lugar de Jesús,*** entra en sus sentimientos, siente la alegría que él experimenta con la vuelta a la vida de Lázaro. Participas de esa alegría cuando sientes a otros desatarse y ponerse en pie, y ves que pueden desplegar sus vidas. Di con Jesús: *«Te doy gracias, Padre, porque...»*

«Señor, enséñame a encontrarte en todo lo que me cruzo en mi peregrinación hacia ti, para que mi deseo de ti se haga cada vez más fuerte, más completo y más radicalmente fiel, y que así mi amor hacia todo y hacia todos no deje de crecer siempre más y más, hacia su pleno resplandor».

(EGIDE VAN BROECKHOVEN)

6

SOSTENIDAS

6.1. Marta y María: mujeres que *hacen eucaristía*

«Todo lo que somos y tenemos es para ofrecerlo. La entrega libera. Adiestrados por nuestra cultura a consumir y a devorar, no sabemos soltar ni compartir. La experiencia de Dios lleva a entregarse, porque Dios mismo es entrega... Este movimiento de dejar ser, de ayudar a que los demás y las cosas sean, y que lo sean desde sí mismas, es experiencia de Dios, porque participa de su capacidad creadora y alentadora.

La entrega no se da al margen de otras formas de entrega, sino junto con ellas. La donación que procede de una profunda y amplia experiencia de Dios no juzga otras formas de darse, sino que se alegra por ellas y con ellas».

JAVIER MELLONI

📖 ***Juan 12,1-11:*** *«Ofrecieron un banquete en honor de Jesús».*

Vamos a volver nuestra mirada a María, ella que estuvo silenciosa y sentada a los pies del maestro en sus primeros encuentros en Betania, que se había sentido defendida y valorada; que se sabía apreciada tal como era. Había aprendido *a escuchar con entera presencia*, deteniéndose ante el otro, ofreciendo confianza.

María se mostraba en Betania vacía de sí misma y en disposición de dejarse llenar por el mundo de Jesús. Pero ahora, ante la pérdida de Lázaro, ve cómo se mueve el suelo bajo sus pies. Ya no está quieta y sentada, *se levanta rápidamente,* como había visto hacer a su hermana, y no puede esperar sino que va a buscarlo, *sale al encuentro de Jesús* (Jn 11,29).

María se postra también ante Jesús. Después de atravesar juntos la experiencia de los límites, de reconocerse heridos y de abrazar el dolor, se han fortalecido los vínculos entre ellos. La muerte de Lázaro ha sido una *bendición disfrazada* para sus amigos. Ver cuántos acontecimientos de nuestra vida han sido bendiciones disfrazadas y cómo, ahora, aquellos que nos cuesta vivir esconden una bendición.

No se nos dice explícitamente que las dos mujeres se alegraran por la vuelta a la vida de Lázaro. El modo en que ellas manifiestan su alegría por la vuelta a la vida de Lázaro lo expresan en un banquete compartido y en gestos de servicio: *el Reino está en medio de ellas.* Hay colaboración, hay complementariedad, hay reciprocidad. Sirven la mesa y ungen los pies. Ahora es Jesús quién se muestra necesitado, y ellas despliegan su capacidad de cuidado y de ternura.

El modo-de-ser-cuidado

> «Seis días antes de la fiesta judía de la pascua, llegó Jesús a Betania, donde vivía Lázaro, a quien había resucitado de entre los muertos. Ofrecieron allí una cena en honor de Jesús. Marta servía la mesa, y Lázaro era uno de los comensales» (Jn 12,2).

Marta ha aprendido a pasar del *modo-de-ser-trabajo,* cuando reclama la intervención de su hermana (Lc 10,40), al *modo-de-ser-cuidado.*

> «Cuidado: en su forma más antigua (*cura*, en latín), era utilizada en un contexto de relaciones de amor y de amistad. Expresaba la actitud de cuidado, de desvelo, de inquietud y de preocupación por la persona amada... El cuidado sólo surge cuando la existencia de alguien tiene importancia para mí. Paso entonces a dedicarme a él; me dispongo a participar de su destino, de sus búsquedas, de sus sufrimientos, de sus éxitos y, en definitiva, de su vida. Cuidado significa entonces desvelo, solicitud, diligencia, celo, atención, delicadeza. Estamos frente a una actitud fundamental de modo-de-ser mediante el cual la persona sale de sí y se centra en el otro con desvelo y solicitud»[1].

En todo amar y servir, repetirá san Ignacio acentuando constantemente esa dimensión de totalidad; y en la figura de Marta vemos cómo se da esto, cómo el servicio y el amor se hacen uno. Marta hará con Jesús lo que luego él hará con nosotros. «*¿Quién es más importante: el que se sienta a la mesa o el que sirve? ¿No es el que se*

1. L. BOFF, *El cuidado esencial,* Trotta, Madrid 2002.

sienta a la mesa? Pues bien, yo estoy entre vosotros como el que sirve» (Lc 22,27). Jesús se identifica con Marta, y en ella nos invita a comer y a beber de esta mesa. Es verdadera discípula, porque hace lo que ve hacer a su Maestro.

Marta nos enseña que «*servir*» no es nada que añadimos a nuestra vida, ni nada que dependa de mérito alguno por nuestra parte; que el servicio es el despliegue natural de lo que somos. Cuando el árbol se sabe enraizado en la tierra, va amando su semilla, se abandona al tiempo que lo madura, y acoge con sorpresa el fruto que asoma; no puede más que entregarlo, que dejarlo caer. El *servicio* es lo que nuestra vida da de sí cuando la vivimos en su profundidad. Servir es darnos por desbordamiento, porque el movimiento del Amor en nosotras provoca esto si consentimos a él. Entonces la vida se hace ancha y amable, cobran luz las cosas y los rostros; y cuanto más se ofrece, más se desborda el corazón y más recibe. Las alegrías son mayores, y los dolores también.

Un amor que «deja ser»

Marta, esta vez, deja a su hermana hacer, la deja desplegar todo el afecto y el conocimiento que ha ido creciendo en su interior. La deja manifestarse en un gesto de enorme ternura.

Esa ternura «que irrumpe cuando la persona se descentra de sí misma, sale en dirección a otro, siente al otro como otro, participa de su existencia y se deja tocar por la historia de su vida... La relación de ternura no implica angustia, porque no busca ventajas ni dominación. La ternura es la fuerza propia del corazón, es el deseo profundo de compartir caminos. La angustia del otro es mi angustia, su éxito mi éxito, y su salvación o perdición es mi salvación y perdición, no solo mía, sino de todos los seres humanos»[2].

Marta y María quieren compartir caminos con su Señor. Cercanas a Lázaro en su muerte, cercanas a Jesús en la suya. Juntas muestran una energía y una vida que no puede experimentarse aislada.

Tanto tiempo con Jesús llevaban los discípulos, y ninguno había hecho con él lo que aquellas mujeres. Nadie le había manifestado gestos de tanto amor. Solo ellas están totalmente presentes a su realidad. Entran en una intimidad creciente, en la que se da a la vez ligereza y profundidad, suavidad y contacto. Las manos de María acariciando los pies de Jesús, y sus cabellos secándolos despacio. Y él dejándose hacer. Un gesto que Judas juzgó y que a Pedro le costó recibir.

La protesta y la queja de Judas, criticando la falta de eficacia y de lógica, se hace más evidente ante el gesto cargado de gratitud de María, regalándose y ungiendo. Judas no supo dejar que el amor curara su codicia. Ambos representan dos modos de situarnos ante el misterio.

Judas no ha podido acceder a este ámbito de comunicación. Critica el dar desmedido por parte de María, y le molesta el recibir de Jesús. ¿Qué nos pasa a veces, que en vez de disfrutar del don, andamos llevando cuenta de lo que hacen o dejan de hacer otros? Judas no se siente *en casa;* se defiende de María porque se siente amenazado y quiere conquistar a Jesús sugiriendo que se podría ha-

2. *Ibidem.*

ber dado a los pobres el importe del perfume; no sabe acercarse a ambos para enriquecerse en su diferencia. Tiene miedo a salir perdiendo, a *crear vínculos,* lazos que mantienen a dos personas unidas y las comprometen a preocuparse la una de la otra. María ha conectado con Jesús en su momento vital, y de este encuentro sale amando más, mientras que Judas no ha sabido abrirse al don y va a salir amando menos.

Al defenderla Jesús («*déjala en paz*»: Jn 12,7), se pone aún más de relieve el contraste: hay un modo femenino de aproximarse a Jesús que tiene que ver con el *modo* en que el mismo Jesús se aproxima a nosotros. A través de *un contacto cálido y compasivo.* ¿Por qué nos costará tanto *dejar ser* al otro? ¿Por qué tenemos tanto interés en que nuestras hermanas de comunidad sean como a nosotras nos parece que deben ser? ¿Qué nuestros hijos sean como nosotras querríamos? ¿Qué necesitamos para dejar ser a cada persona con todo, para no ver a la otra, al otro, como una amenaza, ni como un competidor, ni como una sombra, sino como alguien semejante a mí, igual en los miedos, en las necesidades y en los anhelos, y de quien tengo algo que recibir y a quien tengo algo que dar?

Sin la matriz de la confianza no podemos acogernos en nuestra vulnerabilidad. Es preciso *darnos el espacio que necesitamos* para crecer sin temor, para llegar a reconciliarnos con lo que querríamos arrojar fuera de la propia vida, para encontrar una tierra firme desde la que ser reconstruidos.

Para el amor, el otro está bien tal como es. Justamente así se toca lo más hondo del otro, de manera que pueda desarrollarse. La sensación de «este es el mejor» abruma al otro, lo cual es en absoluto provechoso para la relación. Si el otro es «bueno» sin más y tú también eres «bueno», entonces está bien.

La puerta del agradecimiento

Marta y María ofrecen a Jesús el espacio de que disponen en sus vidas para que él pueda encontrar su lugar y orientar su destino. Aman a Jesús y se abren a su secreto. Han aprendido en su interior a dar espacio a su experiencia. Y es en esas relaciones de intimidad y de comunicación honda donde él encuentra la estabilidad y el ánimo para poder entregarse.

La calidad del espacio que ofrecen a Jesús le ayuda a disponerse a lo que va a vivir, le ayudan a entregarse. Tienen con él una actitud tremendamente empática y de una aprecio incondicional. Están presentes al momento que atraviesa, y él lo agradece, aunque no puedan hacer nada por cambiarlo.

Seguir a Marta y a María en sus encuentros y en sus dinamismos de comunicación nos ha llevado a *cruzar la puerta del agradecimiento.* Un agradecimiento en el que ellas encuentran el equilibrio entre tomar y dar. Agradecer es *tomar con alegría lo que viene y tomarlo con amor*. Han recibido mucho de Jesús y le han dado mucho también. Felices de tomar y de dar, de tejer intercambios compasivos; expresando un reconocimiento mutuo. Al agradecer no solo nos afirmamos en aquello que damos, sino también en aquello que significamos el uno para el otro.

> «La felicidad en una relación depende de la medida en que se toma y se da. Un movimiento reducido solo trae ganancias reducidas. Cuanto más extenso sea el intercambio, tanto más profunda será la felicidad. Un gran movimiento

entre tomar y dar viene acompañado de una sensación de alegría y plenitud» (B. Hellinger).

Cuando María extiende la mano para tocar los pies de Jesús, se está enraizando en la realidad, está dejando fluir sin temor la ternura que la habita hasta que toque en silencio el corazón del otro, y le lleva allí todo su peso de aceptación y toda la dulzura con que confortarlo y aliviarlo del trago que le espera.

Después de acompañarlo y de reconocerlo, inclinándose ante su misterio, ella se enderezará y seguirá su camino en paz. Hay un dicho zen que dice: «*cuando viene, le doy la bienvenida; cuando se va, no corro tras él*». Después necesitará dar un paso más: *aprender a soltar* a Jesús, a no apropiárselo, a no retenerlo, para que pueda continuar en libertad su camino. Aprender a tocar las realidades heridas y necesitadas y aprender a soltar para que las personas puedan seguir sus procesos y su camino.

«*A partir de ese momento* [los jefes de los sacerdotes, los fariseos, y el sanedrín] *tomaron la decisión de dar muerte a Jesús*» (Jn 11,53). Y es en esa realidad amenazada donde se derrama el frasco precioso de la compasión, y María y Marta y Lázaro estarán allí para tender sus manos a todos aquellos *que toman la decisión de cuidar y de defender la vida.*

En adelante *se recibirán como mujeres bendecidas,* capaces de mirar amablemente a los demás y de dar a cada uno un lugar en el corazón; también a Judas. Besando su tierra aún oscura. «Amar a alguien –dice Jean Vanier– es muy distinto que admirarlo. Cuando admiramos a las personas, las ponemos en un pináculo. Pero cuando entramos en relación y descubrimos la pobreza de la persona, entramos en una relación de amor».

Marta y María expresan su amistad y hacen con Jesús lo que luego él hará con sus discípulos en el momento de su despedida: le sirven la mesa y le lavan los pies. Jesús se dejó hacer, para poder hacerlo con otros, y ha querido tomar *gestos de mujeres* para hacer *memoria de su vida.* Jesús dejó *reflectir* en su vida lo que vio hacer a estas mujeres, algo de lo que ellas hicieron con él. Impresiona que en este relato ellas no hablen y expresen todo su amor *más en las obras que en las palabras.*

Vayamos a Betania con Jesús, con Marta y con María, y dejemos que ellos nos enseñen cómo *hacer eucaristía,* cómo tomar y cómo dar, cómo acoger y cómo soltar, cómo agradecer; cómo servir desde el corazón.

Aprender de Marta y de María

- Miro las situaciones de mi vida (personales, familiares, institucionales...) que más me cuesta asumir:
  - ¿Podría ser capaz de vivirlas como «*bendiciones disfrazadas*»? ¿Cómo ocasión de crecer en el amor?

📖 ***Jn 12,1-11:*** *«Marta servía la mesa»*

- ¿A quiénes invito al banquete, cómo nutro la vida de los demás?
- ¿Me doy permiso para sacar las energías del afecto y de la solicitud amorosa que hay en mí? ¿Para servir desde el corazón?
- ¿Qué me ayudaría a pasar del *modo-de-ser-trabajo al modo-de-ser-cuidado*?

– ¿Qué recibo de las personas con las que comparto la vida, y qué doy?

▸ ***«Toda la casa se llenó del olor del perfume»*** *(Jn 12,3)*

«Una teología de la ternura siempre es curativa, con palabras, con manos que también pueden llamarse caricias, besos, comida en común» (H. BÖLL).

– ¿Cómo manifiesto la ternura en mi comunidad, en mi familia, con mis amigos...?
– ¿En qué rostros concretos soy invitada *ahora* a derramar el perfume de mi vida, a no retenerla, a entregarla entera?
– ¿Por quiénes me dejo yo ungir?

Permanezco en silencio a los pies de Jesús y de aquellos que amo, y los voy ungiendo amorosamente.

– *Imagino una cueva dentro de mi corazón bañada en luz; a medida que entro, la luz invade mi cuerpo...*
– *Puedo sentir cómo sus rayos crean... activan... caldean... y sanan.*
– *De modo que me siento dentro de la cueva en silenciosa adoración, mientras la luz penetra, y allí me doy la bienvenida a mí misma y a las personas que amo... y a las que la vida traerá...*

6.2. Las mujeres que miran la cruz a lo lejos

«Cuando Irena caminaba por las calles del gueto, llevaba un brazalete con la estrella de David, como signo de solidaridad y para no llamar la atención sobre sí misma. Pronto se puso en contacto con familias a las que ofreció llevar a sus hijos fuera del gueto. Pero no les podía dar garantías de éxito. Lo único seguro era que los niños morirían si permanecían en él. A lo largo de un año y medio, hasta la evacuación del gueto en el verano de 1942, consiguió rescatar a más de 2.500 niños por distintos caminos: comenzó a sacarlos en ambulancias como víctimas de tifus, pero pronto se valió de todo tipo de subterfugios que sirvieran para esconderlos: sacos, cestos de basura, cajas de herramientas, cargamentos de mercancías, bolsas de patatas, ataúdes... En sus manos, cualquier elemento se transformaba en una vía de escape.

Irena quería que un día pudieran recuperar sus verdaderos nombres, su identidad, sus historias personales y sus familias. Entonces ideó un archivo en el que registraba los nombres de los niños y sus nuevas identidades.

Los nazis supieron de sus actividades. El 20 de octubre de 1943 fue detenida por la Gestapo y llevada a la prisión de Pawiak, donde fue brutalmente torturada y sentenciada a muerte. Mientras esperaba la ejecución, un soldado alemán se la llevó para un "interrogatorio adicional". Al salir, le gritó en polaco: "¡Corra!" Al día siguiente halló su nombre en la lista de los polacos ejecutados.

Irena Sendler falleció en Varsovia, el 12 de mayo de 2008, a los 98 años de edad. Murió con una gran sonrisa en su corazón y en su rostro»[3].

---

3. www.wikiblog.com.ar/.../irena-sendler-ejemplo-de-vida.html

📖 ***Marcos 15,40:*** *«Algunas mujeres contemplaban la escena desde lejos»*

Apartar la mirada o sostenerla: en eso se nos juega el camino. Los evangelios nos dicen que las mujeres miraban, solo ellas volvieron sus ojos a esa entrega sin límites de Jesús. Estaban allí para él: «*Algunas mujeres contemplaban la escena desde lejos. Entre ellas María Magdalena, María la madre de Santiago el menor y de José, y Salomé, que habían seguido a Jesús y lo habían asistido cuando estaba en Galilea. Había además otras muchas que habían subido con él a Jerusalén*» (Mc 15,40).

Es en la *escuela de los desfigurados* donde las mujeres nos convocan a dejarnos educar la visión. Es a sus pies y a su lado donde somos instruidas y donde maduramos silenciosamente. Había que *ver* algo en la cruz de Jesús. Los jerarcas y quienes se mofan quieren ver un milagro; el centurión percibe atinadamente; las mujeres miran desde lejos y, mediante su seguimiento de la cruz, se convertirán en auténticas discípulas.

Un amor desarmado

Jesús en la cruz no se justifica ni se protege a sí mismo. No tiene nada que defender, porque lo ha entregado todo, y se entrega porque experimenta su ser como un don recibido, no como una posesión. De ahí que Jesús pudiera morir diciendo: «*Padre, perdónalos, porque no saben lo que hacen*» (Lc 23,34). El único juicio que hace Jesús desde la cruz es el perdón. Desde allí da el don gratuito, sin medida.

La muerte de quien no muere pensando en sí mismo, sino en quien lo está exterminando, hace exclamar al centurión, que había visto agonizar a muchos reos de muerte:

«Este sí que era hijo de Dios» (Mc 15,39), porque amó y siente la tristeza de ver como el agresor se devasta a sí mismo. Esteban oraba al morir: *«Señor, no les tengas en cuenta este pecado»* (Hch 7,8). Un sacerdote chileno, en tiempos de Pinochet, dijo antes de morir al muchacho que le iba a disparar: *«Quítame la venda de los ojos, que quiero poder mirar a los tuyos y darte el perdón»*.

> «Mujeres y hombres así son canales del Ser, sin retener nada para sí mismos. Desde el vaciamiento, desde el Ser se es incapaz de hacer daño a nadie, eso es la pureza de corazón. No cargar con nada que tenga uno que defender. Las personas que no tienen que defenderse se convierten en seres silenciosos... Seguir a Jesús nos lleva progresivamente al despojo de toda forma de poder. A compartir la cualidad de Jesús, su ser no ocupa espacio ni invade; al contrario, se convierte en posibilidad de los demás» (J. Melloni).

Atenágoras, patriarca de Constantinopla, escribía:

> «Hay que hacer la guerra más dura contra uno mismo. Hay que llegar a desarmarse. Yo he hecho esta guerra durante muchos años. Ha sido terrible. Pero ahora estoy desarmado. Ya no tengo miedo a nada, ya que el amor destruye el temor. No estoy en guardia, celosamente crispado sobre mis riquezas. Acojo y comparto. No me aferro a mis ideas ni a mis proyectos. Si me prestan otros mejores, o ni siquiera mejores, los acepto sin pesar. Estoy desarmado de la voluntad de tener razón. He renunciado a hacer comparaciones. Por eso ya no tengo miedo. Cuando ya no se tiene nada, no se tiene temor. Si nos desarmamos, si nos desposeemos, si nos abrimos, hemos llegado a Dios».

Recuerdo a una mujer muy pobre en Chile, en Copiapó, que recitando el Padre nuestro, sin darse cuenta, hizo una petición maravillosa: «*perdona nuestras defensas*». Perdona nuestras resistencias para acoger este amor. Necesitamos fe para recibir este amor del crucificado, para dejar que su corriente tumbe nuestras falsas imágenes de Dios y de nosotras mismas.

Su costado herido y abierto

¿Cuáles son los mayores *temores* que surgen de nuestras heridas? ¿El temor a no ser queridas, a ser abandonadas, a ser rechazadas, a ser juzgadas? ¿El temor a no ser reconocidas, a ser criticadas, a fracasar, a quedarnos sin amigos, a quedarnos sin tareas, a quedarnos vacías?

Son miedos que nos roban la libertad que él nos regala. Jesús ha pasado por todos ellos en la cruz para que podamos atravesarlos con él, y nos dice ante nuestros temores: «*Miradme, venid a mí. Al no querido, al rechazado, al abandonado de los hombres, al despreciado, al que se vació para llenaros; al que se dejo desnudar para vestiros, para rescataros de vuestros temores más profundos*».

Ir al único que puede amarnos hasta el fondo, el que no va a abandonarnos, el que va hacer fecunda nuestra vida independientemente del éxito o del fracaso. El único que puede abarcar nuestro vacío, pues está hecho a la medida de su Corazón.

Ha pasado por todo lo que puede pasar un ser humano, y en la cruz está desfigurado de tal manera que, por muy tremendo que sea el sufrimiento de un ser humano y por mucho que haya deshumanizado su vida, puede mirar el rostro de Jesús y encontrarse reflejado en él; puede mirarse en ese Rostro y reconocerse amado. Sus heridas nos curan, sus heridas convierten y transforman las nuestras, no en lugares de murmuración y de desgracia, sino en el espacio a través del cual puede circular su vida.

«El costado abierto ha hecho su Corazón accesible a todos, pero no como una plaza o una pensión; es decir, no sin dolor y sin dificultad. Está abierto por una herida, con *entrada libre,* abierto, sin defensas, con una increíble vulnerabilidad; siempre y en todas partes» (H. McLaughlin). Como un regazo en el que nos recoge a todos. «*Venid a mí* –nos dice sin palabras desde la cruz– *todos los cansados y abatidos, que yo os daré descanso*».

Con María... para que sean uno[4]

Dice Jean Vanier que el gran mensaje de Jesús a lo largo de todo el Evangelio, y puesto en evidencia en la cruz, está escondido en estas dos palabras: *compasión* y *perdón.* La compasión es inclinarse hacia aquel que es más débil, para darle el corazón, darle nuestra amistad. «Está la compasión donde uno se inclina ante el otro para hacer algo, y también está la compasión donde te doy mi corazón y estoy ahí contigo. Y eso es María al pie de la cruz».

En esa gran vulnerabilidad de Jesús la presencia de María es algo muy potente. Ella hace presente a la humanidad y le dice a Jesús: «Yo estoy contigo». No puede hacer nada, salvo decirle a Jesús: «te amo, estoy aquí para ti». Ella es consciente de que esa es *la hora* de Jesús. Ella sabe quién es Jesús y sabe lo que quiere decir para la humanidad que dice «no», que rechaza este amor... Y ella le dice: «Estoy contigo».

---

4. Este apartado está tomado de J. VANIER, *op. cit.*

En sus últimas palabras, Jesús mira a María y le dice: «*Mujer, he ahí a tu hijo*». Mira a Juan y le dice: «*He ahí a tu madre*» (Jn 19,26-27). Y el evangelio dice que gritó: «*¡Tengo sed!*» (v. 28). En el lenguaje bíblico, «tengo sed» significa: «Estoy con angustia». Y es en ese momento cuando Jesús entrega a Juan a María, y a María a Juan. Jesús exhorta a María a no quedarse bloqueada en la tristeza, sino a ofrecer su amor a Juan, que ahora la necesita y a quien también ella necesita. La empuja a buscar nuevas posibilidades de expresar su amor y sus capacidades.

En alguna parte le está diciendo a María: «No me mires a mí, mira a Juan». Porque ahora se trata de engendrar a Jesús en Juan Y después dice: «*Todo se ha cumplido*» (Jn 19,30). El último gesto de Jesús es vincularnos, unirnos a unos con otros. Su gran deseo es la unidad. Trabajar por la unidad a través de la compasión, donde nos inclinamos hacia el que está más bajo. Hacer más pequeña la distancia entre el rico y el pobre, entre el poderoso y el débil. Trabajar por la unidad desde el perdón, hacer caer los muros que separan a unas personas de otras.

El perdón es una de las actitudes más profundas a las que Jesús llama a sus discípulos.

> «El perdón no es solamente: "me hiciste daño, y eso se acabó". El perdón es acercarse al otro como una persona. Es alcanzarlo en lo más bello que tiene el otro: su capacidad de acoger a Dios. El perdón es la reparación de aquello que fue roto. No es solamente un movimiento que dice: "se acabó". Es un deseo de comunión y de acercarse al otro» (J. Vanier).

Descubrir a la mujer de compasión y de perdón que es María, su modo de estar presente, nos sirve de ayuda y de orientación. María es la puerta a través de la cual entró Jesús en el mundo; y ella está ahí de nuevo, como la puerta a través de la cual Jesús se adentra en Dios. María es la madre de la transformación en el nacimiento y en la muerte, que son las dos grandes transformaciones del ser humano. En el nacimiento, un proyecto de Dios se hace carne; en la muerte, el ser humano es recogido en Dios y se hace uno con Dios.

En ciertas representaciones de la pasión de Cristo aparece la dimensión del sufrimiento, pero no la del amor que transforma ese dolor. No es el sufrimiento de Cristo el que nos salva, ¡sino el amor con el cual transformará ese sufrimiento!

Vamos a contemplar a Jesús en la cruz, junto a aquellas mujeres que lo miran con amor. Pido la gracia de ponerme al pie de la cruz con María, con aquellos a los que Jesús me quiere unir, me quiere entregar. Mirar en la cruz a aquel que *confía* en Dios cuando todo parece gritarle su ausencia.

CONTEMPLAR AL CRUCIFICADO JUNTO A OTRAS MUJERES

- Suplico valor y fuerza para permanecer junto a los crucificados. Pido al Padre por medio de María: *«Dolor con Cristo doloroso, quebranto con Cristo quebrantado, lágrimas, pena interna de tanta pena que Cristo pasó por mí»* (EE 203).

  «Algunas mujeres contemplaban la escena desde lejos. Entre ellas, María Magdalena, María la madre de Santiago el menor y de José, y Salomé, que habían seguido a Je-

sús y lo habían asistido cuando estaba en Galilea. Había además otras muchas que habían subido con él a Jerusalén» (Mc 15,40).

«Junto a la cruz de Jesús estaban su madre, la hermana de su madre, María la mujer de Cleofás, y María Magdalena» (Jn 19,25).

📖 ***Is 52,13 – 53, 12:*** Arrodilladas a los pies de la cruz y de las cruces actuales de nuestro mundo, con aquellos rostros donde hoy continúa la pasión de Jesús, nos ponemos junto a los que hoy están rotos, las personas desplazadas, violentadas, junto a los «no amables»... Adentrémonos en su Costado Abierto con nuestras propias heridas, de la mano con todos los cansados y abatidos.

▶ **Con María,** pide la gracia de ser adentrada en la gratuidad de Su amor en la cruz.

Contémplalo en este amor desarmado, despojado de todo poder, totalmente ofrecido.

- ¿De qué te habla la cruz de Jesús, qué te dice el Señor a ti personalmente?
- *Ef 3,14-21:* Déjate *sellar* por este amor del Crucificado, que su vulnerabilidad y su potencia se impriman en tu corazón.

📖 **Jn 19,37:** *«Mirarán al que traspasaron»*

Jesús asume el dolor humano: Lo mira, lo acoge, lo hace suyo, lo padece y lo transforma en fuente de vida. Su corazón atravesado, símbolo radical de violación y de dolor extremo, se convierte en manantial para la vida.

- ¿Cómo se enfrenta Jesús al sufrimiento y a la debilidad?
- ¿Cómo vivo yo mi debilidad? ¿La debilidad de mis hermanas? ¿De mi familia? ¿Las debilidades de la Iglesia?

El último gesto de Jesús en el evangelio de Juan es unir a María y a Juan, y a cada ser humano, con otros. Crear comunión. El gran deseo de Jesús es la unidad.

«Padre, les he dado la gloria que tú me diste, para que sean uno como nosotros somos uno: yo en ellos y tú en mi, para que sean perfectamente uno» (Jn 17, 22-23).

- ¿Cómo construye Jesús la unidad? ¿Y yo, cómo genero comunión?

«A través del Amor, la piedra dura se torna blanda.
A través del Amor, los vampiros se convierten en ángeles.
A través del Amor, la enfermedad se convierte en salud.
A través del Amor, la ira se convierte en misericordia».

(RUMÎ)

▶ ***En silencio junto al Crucificado,*** haz memoria de los distintos momentos de su vida. Su modo de bendecir, de curar, de educar, de pasar haciendo el bien...

- Pide que puedas unirte y conformarte con él ahí, en ese gesto de amor sin medida.
- Y escucha:
  - *«Si el grano de trigo no cae en tierra y muere, no da fruto»* (Jn 12,24).

- *«Nadie me quita la vida, yo la doy»* (Jn 10,18).
- *«Nadie tiene amor más grande que el que da la vida por sus amigos»* (Jn 15,13).
- *«Padre, perdónalos...»* (Lc 23,24).
- *«A tus manos encomiendo mi espíritu»* (Lc 23,46).
- *«Nada podrá separarnos del amor de Dios»* (Rom 8,39).

«Pide a Jesús que te dé
sus brazos para sostenerte,
sus hombros para llevarte en ellos,
su cruz para apoyarte,
su corazón para descansar en él».

(Rosa Filipina Duchesne, rscj)

7

BENDECIDAS

7.1. María de Magdala y sus ojos nuevos

«Llegaste un verano de mañana y entraste por la misma puerta por donde el sol usualmente se mete en la casa. Entraste así, sin permiso; fue solo que abrí la puerta y, como si nada llenaste de luz mis rincones, fue necesario entonces que corriera a refrescarme las manos y los besos limpios de antes, fue necesario renovar cuentos y sueños; es que entraste como entra de pronto la vida.

Llegaste pequeña, con los ojos llenos de palabras y las manos cerradas, como quien no quiere dejar escapar el silencio; llegaste muy de mañana, como quien me obliga a amanecer, como quien despierta las miradas de hace años y las hace nuevas, como quien encuentra que a esta casa como a la vida como a la esperanza le hace falta el sol...

Te quedaste entonces en las paredes, en los pasos, te colaste detrás y encima de los muebles, detrás y encima de las madrugadas, te prendiste de cada uno de los libros y me contaste una a una las historias, llegaste muy de mañana en un febrero del tiempo; sonriéndole al temor, lo tomaste del cuello y lo apretaste con fuerza contra tu pecho, y entonces el indefenso huyó de casa y nos dejó de pronto abiertas al sol»[1].

1. S.C. BARR, *Rotundamente negra,* Ediciones Perro Azul, San José de Costa Rica 2006.

🕮 *Juan 20,11-18: «María»*

Entramos en la cuarta semana con María Magdalena, la primera *discernidora* de la acción del Señor Resucitado. La Resurrección va a ocurrir en el silencio de la noche y sin testigos, como queriendo decirnos que ese es el modo de actuar de Dios. Al alba, al clarear, muy de madrugada, a la salida del sol. No en una luz potentísima que nos ciega e impresiona, sino en una luz suave, discreta, que se inicia.

La relación con el Señor se establece en unos niveles de amistad, consuela acercándose como un amigo y aumentando la esperanza. La resurrección, la alegría del Señor, es también «*por mi*». «*Pedir gracia para alegrarme y gozarme intensamente de tanta gloria y gozo de Cristo nuestro Señor*» (EE 221).

Una presencia que da vida

El Resucitado se presenta como presencia que da vida: se deja ver, sale al encuentro, habla, interpela, corrige, anima, comunica paz, seguridad, alegría, confirmación. Su manera de hacerse presente es personal, identificadora, de nombre a nombre, suscitando recuerdos cariñosos y experiencias comunes. Sus encuentros son fugaces. Solo busca tocar el corazón, darles un soplo que les permita reaccionar, sacudirse la tristeza y devolverlos a la vida. Llama la atención una constante en los relatos que narran el encuentro con el Señor Resucitado. Hallamos una *estructur*a básica común[2]:

2. Tomo este apartado de la *estructura común* de unos Ejercicios Espirituales de T. Mifsud, sj, impartidos en Copiapó, Chile, en abril del 2000.

- Una situación humana de *tristeza, de miedo, de incredulidad.* Magdalena llora (Jn 20,11); los de Emaús se alejan de la comunidad desanimados (Lc 24,15); los discípulos están llenos de miedo (Jn 20,19); Tomás no se lo cree (Jn 20,25b).
- Jesús aparece, pero *no es reconocido;* interpela a las personas que no lo reconocen mediante una *pregunta:* «*¿Por qué lloras? ¿A quién buscas?*» (Jn 20,15). «*¿De qué vais conversando por el camino?*» (Lc 24,17). «*¿Tenéis algo de comer?*» (Jn 21,5).
- Jesús revela su identidad con algún *signo:* Magdalena lo reconoce cuando la llama por su nombre (Jn 20,16); los de Emaús, al partir el pan (Lc 24,31); los discípulos encerrados, al enseñarles las manos y el costado (Jn 20,20); los discípulos a orillas del lago, al recoger la red llena de peces (Jn 21,6)...
- Jesús encarga una *misión*. La experiencia del encuentro con el Resucitado no se limita a ser una consolación para la persona. Jesús nos da siempre una misión: anunciar y compartir el gozo. A María le dice: «*Ve adonde mis hermanos y diles...*» (Jn 20,17); los de Emaús vuelven a la comunidad (Lc 24,33); a los que estaban encerrados: «*os envío*» (Jn 20,21); a Pedro a orillas del Tiberíades: «*apacienta mis ovejas*» (Jn 21,15-17).

Escuchar nuestro nombre

En la mañana de Pascua hay una mujer que nos sorprende; el dolor por el que ama la mueve. No se resigna a la ausencia ni a la idea de la muerte; se levanta de noche a buscar. Es una mujer de Magdala, un lugar en el lago de Tiberíades, donde estaban asentadas las tropas romanas.

María Magdalena es buena compañera cuando atravesamos circunstancias de *vida sepultada,* cuando no sabemos qué hacer ante el dolor de los otros, cuando estamos cerca de gente que vive realidades de desesperanza, de no ver salida, de *piedras* que se van echando encima y dejan la vida paralizada; cuando ya estamos tentados de decir: «no hay nada que hacer, las cosas no van a cambiar».

La piedra ha sido movida, ella mira dentro de la tumba... y Jesús no está allí. Se vuelve corriendo a la ciudad para contarlo a otros. Es la primera carrera de María: «*Se han llevado del sepulcro al Señor, y no sabemos dónde lo han puesto*» (Jn 20,2). Los dos hombres, Pedro y Juan, después de verlo, se van y dejan allí a María llorando, de pie junto al sepulcro. El verbo griego que aparece es «*histemi*», que significa también *resistir, permanecer, quedar firme.* María vuelve a mirar una vez más dentro de la tumba y ve a dos ángeles, pero sus ojos están retenidos por el dolor y la tristeza.

Y ahí Jesús le dice: «*Mujer, ¿por qué lloras? ¿A quién estás buscando?*». Ella, creyendo que era el jardinero, le dice: «*Señor, si te lo has llevado tú, dime dónde lo has puesto, porque yo misma voy a recogerlo*»; y Jesús dice: «*María*» (Jn 20,14-16).

Jesús se acercó a María Magdalena y se puso en contacto con sus afectos, que habían sido radicalmente vulnerados por la pérdida. «La conocía personalmente; por eso pudo llamarla por su nombre, capitular su historia y sus raíces, tocar sus deseos y sus búsquedas e impulsarla a superar su aflicción desplegando sus propias posibilidades. Ahora ella podía ver y reconocer la vida que andaba buscando» (Georgina Zubiría).

Solo cuando ella escucha su propio nombre en boca de Jesús –«*María*»–, entra dentro de sí misma y puede reconocerse y reconocerle. Al llamarla por su nombre, Jesús le señala el camino hacia sí misma y la saca de su tristeza. Es amada en la totalidad de su vida, todo es acogido en este amor, todo encuentra su sitio. María se vuelve, y su mirada está liberada ahora de lo que creía saber sobre él. Reconoce a Jesús vivo, experimenta la alegría de saber que él la ama de manera irrepetible y que nadie podrá ocupar su lugar en su corazón.

Cuando descubrimos nuestra propia verdad, cuando nos sentimos llamadas por nuestro propio nombre, cuando nos sentimos aceptadas en la mujer que somos cada una, entonces se produce el reconocimiento de quiénes somos y de quién es él para nosotras. Ella lo llama «*Rabboní*», (*mi Maestro*), Aquel que le había enseñado a vivir. Escucharle decir nuestro nombre, para descubrir en la sinceridad de nuestro corazón el camino personal que nadie puede recorrer por nosotras.

> «El encuentro con Jesús fue para ella el punto de inflexión en el que su vida empezó por primera vez a pertenecerle, en el que pudo reencontrarse a sí misma. Para ella fue el punto desde el que llegó el orden a su vida, en el que consiguió firmeza y seguridad, en el que se cerró el abismo que se abría bajo sus pies, encontrando en él algo así como un ancla para su existencia...
>
> Si de María, la madre de Jesús, podemos decir que solo vivió para él, de María Magdalena tendríamos que decir que solo vivió por él... Lo que ella podía ser lo fue solo por Jesús. De otros se dice que lo dejaron todo para

unirse a Jesús; María no tenía nada que pudiera dejar; solo podía ganarlo todo. Ella no le siguió como otros; solo sabía que él era el único lugar del mundo en el que ella podía vivir y en el que podía abandonarse a la vida» (J.E. Drewermann).

Anda hacia los hermanos

María de Magdala está tan emocionada que se echa a sus pies para abrazarlo, desea retenerlo, no quiere dejarlo ir. Jesús le dice: «*No me retengas* –deja ya de abrazarme–, *ve adonde mis hermanos. Diles que voy hacia mi Dios y hacia su Dios, hacia mi Padre y vuestro Padre*» (v. 17). Jesús no quiere que María le retenga; ahora tiene una misión: *ir hacia los hermanos,* manifestar la potencia de este amor que ha experimentado. No es un amor que ata, sino un amor que libera. Un amor que respeta el misterio del otro. En el otro siempre hay algo que solo pertenece a Dios.

Jesús, en el momento de la resurrección, no se manifiesta públicamente sobre el templo, mostrando finalmente que es él el que ha ganado; ni siquiera busca humillar a quienes lo habían humillado a él; tan solo busca establecer contactos personales: «La resurrección de Jesús es algo asombroso, pero también algo pobre, como todo lo que Jesús hace. Se va a manifestar a algunas personas que van a ser totalmente transformadas en su interior. Sus corazones, que estaban llenos de tristeza por la pérdida, descubren quiénes son... y quién es Jesús... Jesús se va a servir del encuentro personal para expandir la comunión» (J. Vanier).

Es significativa la transformación de la mirada de María Magdalena la tarde del sábado y la mañana de la resurrección. Ella pasa de la opacidad a la transparencia. Porque sostuvo su mirada ante el crucificado, puede ahora recibir del resucitado una luz nueva. La realidad es la misma, pero ella la ve distinta, con otra luz dentro: «*la luz que inunda el mundo y nos besa los ojos y el corazón*» (R. Tagore).

El encuentro con Jesús devuelve a María a la comunidad no solo como hija muy amada, sino como hermana de todos. Volvía con unos ojos y unos oídos nuevos, y unas manos también nuevas. Se había bañado por unos momentos en la Luz. En la primera carrera, del sepulcro a la comunidad, María va a dar una información; ahora emprende una segunda carrera: volvía de nuevo, pero llevaba consigo toda su vida transformada. Y esa es la *noticia buena* que anuncia, el gozo que nada ni nadie podrá arrebatarle. El evangelio ya no nos lo cuenta, pero seguro que María lloraría también al final, ya no lágrimas de dolor, sino lágrimas de agradecimiento, de las que curan, de las que conocen que la vida pasa por el sufrimiento, pero que es, a causa del amor, más fuerte que la muerte.

Vayamos también nosotras con María Magdalena a dejarnos reencontrar, a sumergirnos en su Luz; a pedirle que nos revele nuestras *palabras de vida,* aquellas palabras con las que nos ha venido animando, levantando, poniendo en pie, lanzando hacia los hermanos.

Bendecidas por su Resurrección

«María, en cambio, permaneció (resistió) *junto al sepulcro»* (Jn 20,11)

«Me gusta el verbo "*resistir*". Resistir a lo que nos aprisiona, a los prejuicios, a los juicios precipitados, a las ganas de juzgar, a todo lo que es malvado en nosotros y que solo quiere expresarse, a las ganas de abandonar, a la necesidad de quejarse, a la necesidad de hablar de uno mismo en detrimento del otro, a las modas, a las ambiciones malsanas, al desconcierto ambiente. Resistir... y sonreír».

(Emma Dancourt)

🕮 *Jn 20,1-18: María de Magdala y sus ojos nuevos*

«Señor, dame la gracia de gozarme en tu Alegría, de acoger en mi la fuerza de tu vida Resucitada».

- Ve con María Magdalena con aquello que te hace llorar, con lo que crees haber perdido, y escucha cómo el Señor pronuncia tu nombre. El nombre que solo él conoce en ti (Is 43,1-4).
- Deja venir toda tu historia en ese nombre, a la Luz y en la Alegría del Resucitado; recibe tu vida nombrada de nuevo, acogida como memoria de dolor y de amor, atravesada por el dinamismo de la Pascua. Siente cómo cada acontecimiento, cada rostro, se ordena, se pone en su lugar. Todo lo vivido te ha traído hasta Jesús, todo es *memoria buena* que te ha lle-

vado al encuentro con él. Dile tú también, como María, quién es él para ti. Experimenta en el encuentro con Jesús lo que significa la aceptación del amor, el poder tomar tu vida completa.

- Pídele que te revele tus *«palabras de vida»:* aquellas palabras de su parte que te han ido conduciendo a tu verdad y a tu vida más honda.
- El Resucitado *te invita a soltar,* a no retener: ¿Qué necesito soltar en este momento de mi vida para poder ir a los otros con una mirada y unas manos nuevas?
- Deja venir a luz del Resucitado tu vida presente, deja que él te eduque la mirada para poder acogerla nueva, para descubrir sus posibilidades inéditas... para poder tú también *volver con unos ojos nuevos* a tu propia realidad. Eres una mujer con la misión de manifestar el amor que has descubierto y has experimentado en ti.

«A veces tenemos el poder de decir sí a la vida y a nosotros mismos. Entonces nos llenamos de paz y nos sentimos completos».

(R.W. Emerson)

7.2. Volver a echar con otros las redes de la vida

«La noche de 1973, en Montevideo, cuartel noveno de Caballería: jodida noche. Rugidos de camiones, ráfagas de metralleta, los presos al suelo, boca abajo, manos en la nuca, un fusil clavado en cada espalda, gritos, patadas, culatazos, amenazas...

A la mañana siguiente, uno de los presos, que todavía no había perdido la cuenta del almanaque, recordó:

– Hoy es domingo de Pascua.

Estaba prohibido juntarse. Pero se hizo. Al centro del barrancón, se hizo. Ayudaron los que no eran cristianos. Algunos vigilaban los portones de rejas y seguían los pasos de los soldados de guardia.

Otros formaron un anillo de gente que iba y venía caminando como al descuido, alrededor de los celebrantes.

Miguel Brun susurró algunas palabras. Evocó el nacimiento de Jesús, que anunciaba la redención de todos los cautivos. Jesús sería perseguido, encarcelado, atormentado y asesinado, pero un domingo como este había hecho crujir los muros y los había volteado, para que toda prisión tuviera libertad y toda soledad tuviera encuentro.

Los presos no tenían nada. Ni pan, ni vino, ni vasos siquiera. Fue la comunión de las manos vacías. Miguel ofreció al que se había ofrecido.

– Comamos –susurró–. Esto es su cuerpo.

Y los cristianos se llevaron la mano a la boca y comieron el pan invisible.

–Bebamos. Esta es su sangre.

Y alzaron la ninguna copa y bebieron el vino invisible»[3].

🕮 ***Juan 21,1-17:*** *«Unas brasas en la orilla, y sobre ellas unos peces»*

La reconciliación y las comidas compartidas, la paz y el alimento, son recurrentes en los encuentros con el Resuci-

3. E. GALEANO, *Bocas del tiempo,* Editorial Siglo XXI, Buenos Aires 2010.

tado. Todos los ámbitos de la vida se transforman por medio de la resurrección. La resurrección es la plenitud del amor (María Magdalena), de la fe (Tomás), y es también la transformación de nuestra vida diaria. Esto se expresa en la escena de la pesca, en el encuentro a orillas del lago, en el lugar del trabajo cotidiano de la comunidad.

«*Poco después, Jesús se apareció otra vez a sus discípulos junto al lago de Tiberíades*». Y el narrador va nombrando a cada uno, poniendo de relieve el ser único y diferente de cada uno. «*Estaban juntos Simón Pedro, Tomás llamado el Mellizo, Natanael el de Caná de Galilea, los de Zebedeo y otros dos de sus discípulos*» (Jn 21,2). Los que salieron a pescar eran siete discípulos, imagen de la comunidad. Se nos dice: «*salieron juntos y subieron a una barca, pero aquella noche no pescaron nada*» (v. 3).

El grupo no ha tenido éxito. Ya no creen que tenga sentido volver juntos. En su tarea diaria todo ha sido en vano, nada salió como esperaban, y se sienten frustrados. En las noches en que no pescamos nada, que son muchas, cansadas, echando sin esperanza las redes porque nos puede lo que ya sabemos de nosotras y de los demás, lo que creemos acaba casi siempre pasando... Y es ahí precisamente, en esas noches del mundo y de nuestra vida, donde él viene por donde menos lo esperamos: «*Al clarear el día, se presentó en la orilla del lago, pero los discípulos no se dieron cuenta de que era él*» (vv. 4-6).

¿Habéis pescado algo?

Jesús se acerca *preguntando,* no imponiendo; ofreciendo, sugiriendo. Se acerca como un pobre, viene sin avisarnos para decirnos que tiene hambre de nuestras vidas: «*mu-*

chachos, ¿habéis pescado algo?». Se dirige a sus discípulos amorosamente como sus muchachos. Jesús les pregunta por el sustento, lo que nutre la vida, lo que le da sabor. Jesús pregunta si han pescado algo, si la vida les ha regalado algo. Y ellos tienen que reconocer que no tienen nada, que sus manos están vacías. ¿Cómo él, siendo el Dador, nos pide? Es su manera de hacerse presente, haciéndonos valiosas para él, pidiéndonos a nosotras.

«Les dijo: "Echad la red al lado derecho de la barca y encontraréis". Ellos la echaron, y la red se lleno de tal cantidad de peces que no podían moverla» (v. 6). Jesús les invita a arrojar la red por el lado derecho, no les está pidiendo nada especial. Hacer lo que hacen normalmente, echar las redes, pero por el lado derecho, fiados de su palabra. Necesitamos que su palabra penetre nuestras acciones cotidianas para que la vida nos descubra su fecundidad.

«Echad la red al lado derecho». Por el *lado derecho* del templo brotaba el agua que todo lo limpiaba y sanaba:

> «El agua bajaba por debajo del lado derecho del Templo... Por donde quiera que pase el torrente, todo ser viviente que en él se mueva vivirá. Los peces serán muy abundantes, porque, allí donde penetra, este agua lo sanea todo, y la vida prosperará en todas partes adonde llegue el torrente. A sus orillas vendrán los pescadores... se tenderán las redes. Los peces serán de la misma especie que los peces del mar Grande y muy numerosos» (Ez 47,1-10).

En el lado derecho sitúa la iconografía cristiana la herida del costado (Jn 19,34), la Puerta, la Fuente por donde mana esa corriente de amor incondicional... Echar las redes por ahí.

Lo descubre primero el que se ha dejado querer más: «*¡Es el Señor¡*» (v. 7). El amor lo reconoce en medio de los hechos cotidianos, en medio del trabajo. El Resucitado está presente, pero se necesita *la mirada del amor* para percibir su presencia.

«Al saltar a tierra, vieron unas brasas con peces colocados sobre ellas y pan. Jesús les dijo: "Traed ahora algunos de los peces que habéis pescado (...) Venid a comer"...» (vv. 9.12). Un amigo que les prepara un almuerzo y les invita. La resurrección no sucede en las cosas extraordinarias, sino en las cosas cotidianas y sencillas, en el alimento cocinado al fuego; se descorre el velo, y los discípulos entran en contacto con la realidad. Ya no necesitan preguntarle quién es. Antes de lanzarlos a la misión reconstruye la comunidad. No le importan ni el talento ni las capacidades, solo el amor. Después nos hará también a nosotras aquella pregunta que realmente le interesa: «*¿Me amas más que estos?*» (v. 15).

La pregunta por el amor

«*Simón, hijo de Juan*» (vv. 15.16.17). ¿Por qué le llama así y no «Pedro»? Lo toma desde sus raíces, desde su sistema familiar, con su historia, para integrar toda su persona, para no dejar nada fuera. Jesús, conocedor de las limitaciones y de las posibilidades humanas, tres veces preguntó a su corazón: «*¿me amas?*», para sanar sus heridas, para poner misericordia y gozo en el espacio donde había crecido la culpabilidad. «*¿Me amas?*», nos pregunta a cada una de nosotras. Emocionarnos de ver a Jesús tan humano.

Es extraño que Jesús haga a Pedro compararse, «*¿me amas más que estos?*» (v. 15). ¿Qué sabe Pedro de cómo y cuánto le aman Juan o los otros? La pregunta nos evoca la parábola que Jesús cuenta a Simón, un fariseo que le invitó a comer. Mientras están a la mesa, una mujer, pecadora pública, se presenta inesperadamente con un frasco de perfume y unge los pies de Jesús (Lc 7,36-50). Simón se queja, y Jesús le cuenta una historia: «*"Un prestamista tenía dos deudores: uno le debía quinientos denarios, y otro cincuenta. Pero como no tenían con qué pagar, les perdonó la deuda a los dos.¿Quién de ellos lo amará más?". Simón respondió: "Supongo que aquel a quien le perdonó más..." Jesús le dijo: "Así es"...*».

Y dirá de la mujer que le unge: «*Te aseguro que si da tales muestras de amor, es que se le ha perdonado mucho; en cambio, aquel a quien se le perdona poco mostrará poco amor*» (Lc 7,47). En realidad, lo que Jesús le está diciendo a Pedro es: déjate amar hasta el fondo, déjate perdonar, porque eso te capacita para amar más.

Déjate amar para que puedas, como el Único Pastor Bueno, amar a las menos amadas, fortalecer a las débiles, curar a las enfermas, vendar a las heridas, recoger a las descarriadas; no dejar que se pierdan sin salir a buscarlas, cuidarlas para que no sean presa de las fieras salvajes, que no vaguen sin rumbo y sin sentido (Ez 34,11-23). Es el Señor mismo el que sigue el rastro de sus ovejas para liberarlas, y le dice a Pedro... y a nosotras: *sé para ellas lo que yo he sido para ti. Quiérelas con un amor de madre,* que es un amor que va a dolernos. Pedro puede ahora amar más, porque se le ha perdonado más. Es en su fragilidad, en su debilidad, no en la fuerza de su ego, donde Jesús le confía a los suyos, donde le revela las posibilidades ilimitadas del amor.

Tú lo sabes todo, Señor, tú sabes cuán pobre y apasionadamente queremos amarte. ¿A quién vamos a ir? Pedro habla de *philía:* lo ama con un amor de amigo; Jesús le pregunta por el *agapé,* el amor que está libre del ego, de toda intención de adueñarse de los demás.

Jesús nos pregunta sobre el amor y nos confía a alguien, y nosotras somos a la vez confiadas a otros. Tenemos mucho más amor para dar del que imaginamos, existe en cada una de nosotras en exceso; y este amor quiere ser liberado, salir de nosotras. Pero solamente puede ser liberado volcándose en otro. Aparentemente, nadie puede abrirse al amor por sí mismo. Dejemos que otros nos abran a amar y abramos a otros al amor a través nuestro. *Déjate amar,* le dice Jesús a Pedro... y nos dice también a cada una de nosotras. Sea cual sea nuestra situación, lo que hayamos hecho, *déjate amar ahí.*

Recuperar el sentido y la gratitud

Los discípulos habían perdido su imagen de seguidores, han tocado fondo, han entrado en una gran insatisfacción. Pero la presencia del Resucitado *en medio de ellos* les lleva a recuperar el sentido de sus vidas: perdón, paz, alegría desbordante, amistad rehecha... y la experiencia de una transformación. Sienten una nueva posibilidad de vida. A primera vista, parece que la realidad sigue siendo la misma, pero en el encuentro con el Resucitado los hechos cobran un significado nuevo.

> «Aparentemente, su situación no ha cambiado: siguen siendo pobres, pero ahora las cosas más elementales que están al alcance de su pobreza (pan, vino, pesca) se convierten en *celebración.* Aparentemente, siguen referidos al humilde servicio, pero el Resucitado les ha revelado la *fecundidad* de esta actitud (*"apacienta mis ovejas"*). No se les oculta el precio a pagar (*"otro te ceñirá"*), pero también Jesús promete su *presencia*» (T. Mifsud).

Vivir resucitadas significa *vivir despiertas* a esta Presencia discreta de Dios en la vida. Cuando vivimos desde la profundidad, todo se convierte en un acto sagrado. El agradecimiento *por tanto bien recibido* es el que va a inaugurar un modo gozoso de encontrar a Dios en todas las cosas. Podemos preguntarnos qué les ocurrió a los discípulos y discípulas para pasar del miedo y la cobardía a dar su vida con gozo por Jesús. ¿Es que Pedro ya no tuvo que aguantar y luchar más con el orgullo de su hombre viejo, ni María Magdalena andar a vueltas con su afectividad? Seguro que sí, pero sentían su debilidad acogida por un Amor mayor, con el que el Resucitado fue tomándoles la vida, hasta llegar a decir con Pablo: *realmente, es él quien vive en nosotros.* No es una alegría fácil la que van a sentir ahora, sino la alegría que ha madurado en el perdón y en la aceptación paciente de la propia vida. La del que siente su condición humana acogida con inmensa ternura. «*Te basta mi gracia*», le dirá a Pablo cuando este está cansado de luchar con un aspecto de sí mismo.

El agradecimiento es la señal de que nuestra vida va en buena dirección. Es el medidor de nuestra vida, el reconocimiento cotidiano de que cuanto podemos ser lo somos por Otro, de que no hay nada nuestro que no hayamos recibido primero. «*Lo que somos, lo que hay de más precioso en lo que somos cada uno, lo más incomunicable de nosotros mismos, no depende de nosotros. Nos es dado*» (W. Jäger).

«*Ir adonde tú no quieras*» (v. 18), dice el Señor a su amigo Pedro, porque él mismo había pasado por esa situación. Aceptar el proceso de la vida y decir que sí a cada cambio en las etapas. «*Extenderás tus manos*» sin tener miedo. Extender las manos y ser llevadas. No dejar que el miedo se adueñe de nosotras cuando decimos sí a la limitación: eso nos hace más conscientes de nuestra dependencia de Dios. Estar dispuestas a soltar. Soltar es otro modo de desprenderse. Lo que retenemos impide la vida; si retenemos el aliento, nos asfixiamos; si retenemos los alimentos, nos envenenamos. Soltar es adentrarnos en la profundidad de la vida, es temer menos y amar más. Al final tendremos que hacer tan solo una cosa: *extender nuestras manos*. Lo que somos en lo más profundo conoce el camino y se unirá a Dios.

¡Extiende tus manos! Hay Alguien a quien puedes darle tus manos. Él te llevará. ¡Simplemente estar! Abandonar todo miedo, todo pensamiento y todo lo que nos inquieta. Estar con benevolencia y cariño hacia todo lo que nos rodea.

> «¡Abandonémonos! Dios mío, estás ahí, no temo nada, te bendigo por todo, pues todo viene de tu mano... Todo lo que sucede está permitido, preparado y dispuesto por ti para el mayor bien. Abandonémonos» (Carlos de Foucauld).

Orar con otros en la orilla

📖 ***Jn 21,1-18:*** *«Al clarear el día, se presentó Jesús en la orilla»*

- Visualízate con aquellas personas con las que compartes la vida, con la comunidad, donde el Resucitado entrega su Espíritu. Acoge a cada una, con su nombre propio, con su realidad única y distinta de la tuya; recíbelas como *compañeras* con los que el Resucitado te invita a seguirle y a *echar las redes de nuevo.* A no dejar que te roben la alegría... ni la capacidad de agradecer.
- También a ti te pregunta: *«¿Has pescado algo?»*.
- ¿Cuál es mi pez único, el que el Señor me pide y que nadie puede poner por mi?
- Echar de nuevo las redes de la vida por el *lado derecho*, por el lado del amor no condicionado. ¿Con qué personas, en qué situaciones soy invitada a echarlas de nuevo, a echarlas de otra manera, fiada de su Palabra?
- Siente que te dice como a Pedro: *«¿Me amas más...?»*. ¿Qué le respondes?

Es en nuestra pobreza y fragilidad donde el Señor nos regala su amor y nos confía lo que más quiere, y te dice: *«apacienta mis ovejas», cuida de los míos...* Recibe amorosamente a aquellos a quienes te confía hoy Jesús. Recibe la capacidad nueva que pone en tu vida para acercarte a otros, para acoger, para interceder por ellos, para consolar... y agradécesela. También tú eres confiada a otras personas.

- Deja que el Señor Resucitado se ponga en el centro y que esto sea lo más importante, lo que el Señor quiere ir haciendo en ti, en la comunidad. Deja que su Espíritu, como un viento suave, toque tu rostro y todo tu cuerpo. «*Como el Padre me envió, yo también os envío*» (Jn 20,21).

Vuelve a recibir esta invitación de Jesús: Jn 15,1-17:

Yo soy la vid, vosotras los sarmientos

Permaneced en mi amor...

No me habéis elegido vosotras a mí,
he sido yo quien os ha elegido.

Amaos como yo os amo.

Para que mi alegría esté en vosotras.

Para que deis fruto abundante...»

«Extenderás las manos, y otro te llevará»

- ¡Abre y extiende tus manos! Hay Alguien a quien puedes darle tus manos.
- Es Él mismo quien te ha conducido, quien te lleva ahora y quién te llevará.

«*...Habéis sido llevadas por mi desde el vientre,*
sostenidas desde el seno materno.
Hasta vuestra ancianidad,
Yo seré el mismo,
os sostendré hasta vuestra vejez.
Lo he hecho hasta aquí,
os he llevado,
y os sostendré, os salvaré» (Is 46,4).

Epílogo

Tierras del Espíritu

Después de este recorrido a través de la experiencia de las mujeres, quiero concluir con una evocación del Espíritu, *la Ruah,* que Hildegard von Bingen llamaba «*vida de la vida de toda criatura*». Aquella *vida* que, experimentándola, no acabamos de saber nombrar, porque se sitúa más allá de la tierra de las palabras.

De Jesús y del Padre se hacen muchas representaciones; en cuanto al Espíritu, más que hablar de él, invocamos la relación con él: «*Ven*». Invitamos a venir a Aquel que ya está, al Hacedor de las transformaciones, al Posibilitador de toda relación, al Artífice secreto de todos los colores y texturas de la vida; de la belleza que conocemos y de la que aún nos aguarda[1].

Dice un proverbio africano: «*todo lo que vive tiene un alma*». De ese alma del mundo se trata, y ahí solo podemos hacer aproximaciones, acercamientos, vislumbres.

---

1. «*Nos aguardan aspectos de la plenitud que apenas sospechamos*». A. Nair, *El vagón de las mujeres,* Alfaguara, Madrid 2002.

Reconocemos al Espíritu por los efectos que provoca: nos golpea y clama en el sufrimiento de los inocentes, en todas las manifestaciones que maltratan la vida, allí donde no se respeta la dignidad y el valor de las criaturas. Nos alcanza en el sabor fresco de un rostro, en la tonalidad de una voz, en una caricia de la naturaleza; sin saber de dónde viene ni poder prever adónde irá.

El lenguaje que más nos acerca a su expresión es el poético. Por eso voy a tomar como guía un poema de Mario Benedetti, «*No te rindas*», que me envía una amiga una tarde de Pentecostés en que ando, como Nicodemo, un poco perdida. Quisiera acercarme así a tantas personas que hacen experiencia de la vida en el Espíritu, que lo nombran y lo alumbran en múltiples registros alejados del ámbito explícitamente religioso y que beben de él, viven de él, sin saberlo. Que tienen abierta la mirada y que son para aquellos que se acercan motivo de contento y de sanación. Hombres y mujeres que con su presencia aportan al tejido de la existencia humana un don único, un matiz de color y de calor que a veces es desconocido aun para ellos.

También quisiera, en la *Ligera Brisa,* situarme junto a aquellos que atraviesan momentos de desánimo, de tristeza, de tocar fondo. Y poder escuchar allí adentro esa voz que no cesa: «*no te rindas... aún hay fuego en tu alma*».

1. No te rindas, aún estás a tiempo de alcanzar y comenzar de nuevo, aceptar tus sombras, enterrar tus miedos, liberar el lastre, retomar el vuelo

Cuando Jesús habla más abiertamente del Espíritu, después de decirle a Nicodemo que tiene que nacer de él para entrar en el Reino (Jn 3,5), es en el momento de su despedida. El evangelio de Juan nos muestra la *vida interior* de Jesús, aquella capacidad que le llevaba a amar lo no amable, a incluir a los que eran dejados fuera, a reconocer las huellas de Dios en lo humano. Nunca se atribuye a sí mismo ese poder sanador y generador de vida, lo recibe de Otro; y va a ser al final cuando lo dé a conocer: «*pediré al Padre que os envíe otro Valedor que esté con vosotros siempre*» (Jn 14,16). Como nuestro Maestro (o Maestra) Interior, que nos enseñará a dejarnos conducir hacia la bondad, hacia la donación, hacia la reconciliación y la alegría.

El nombre que Jesús le da es el de *Paráclito,* en griego: *el que mira por nosotros,* el que defiende, el que auxilia, el que infunde ánimo, el que alienta; el que otorga valor y da confianza. El que nos susurra al oído: «*no te rindas, aún estás a tiempo*».

En muchas situaciones de nuestra vida necesitamos oír esa voz cuando no sabemos cómo *aceptar las sombras,* y las *voces del miedo* se van agrandando dentro de nosotros. Creo que al principio de la vida una piensa que hay cosas que van a cambiar, que aquello que más nos molesta en nosotras podremos quitarlo con esfuerzo, con voluntad. Tapar lo que afea nuestra persona, esconder la cizaña, acallar los impulsos agresivos, como si una pudiera modelar su presencia, como hacen con el cuerpo, a golpe de bisturí: cortar y succionar aquello que sobra. También en la historia querríamos actuar de la misma manera, pero no va por ahí la tarea del Espíritu. A él le gusta reunir, integrar, conciliar. Llevarnos a un *lugar interior,* a un centro de calma donde todo tiene su lugar, donde todo encuentra su sitio.

Cuando el Espíritu está sobre un rostro, entonces *el lobo y el cordero* (Is 11,6) que habitan en su interior pueden estar increíblemente juntos y pacificados. Sin dejar de ser lo que son, pueden convivir y acogerse en su diferencia. El uno contiene al otro, porque ambos forman parte de nuestro tejido humano y de su misterio. Dice el evangelio de Marcos que Jesús en el desierto *convivía con las fieras* (Mc 1,11), con aquello a lo que tenemos miedo, porque lo sentimos como amenaza; con aquello de lo que nos alejamos y nos defendemos. El mismo Espíritu le había impulsado al desierto para enfrentarse a sus fieras interiores y aprender a *hacerse amigo* de toda la realidad, incluidas sus dimensiones más oscuras.

La tarea del Espíritu no es ayudarnos a *librarno*s de aquello que sentimos hace opaca la existencia y nos atemoriza, sino que su acción nos lleva, suavemente, a *tomarlo,* a dejarlo ser, a abrazarlo. Su trabajo de transformación nos enseña a hacer amistad con zonas de nuestra vida, de la realidad, de los otros..., de las que nos habíamos distanciando, de las que nos sentíamos separados. Nos lleva a descalzarnos, porque ya no tenemos miedo de que la tierra que pisamos dañe nuestros pies. De pronto, nos sentimos liberados del lastre que fuimos arrastrando durante tanto tiempo, y por unos instantes nos atrevemos a *vivir en el Viento.*

Eduardo Galeano tiene una hermosa historia sobre el vuelo del *Albatros* que bien podría ser una parábola sobre la vida conducida por el Espíritu:

> «Vive en el viento. Vuela siempre, volando duerme. El viento no lo cansa ni lo gasta. A los sesenta años, sigue dando vueltas y más vueltas alrededor del mundo.
>
> El viento le anuncia de dónde vendrá la tempestad y le dice dónde está la costa. Él nunca se pierde, ni olvida el lugar donde nació; pero la tierra no es lo suyo, ni la mar tampoco. Sus patas cortas caminan mal, y flotando se aburre.
>
> Cuando el viento lo abandona, espera. A veces el viento demora, pero siempre vuelve: lo busca, lo llama y se lo lleva. Y él se deja llevar, se deja volar, con sus alas enormes planeando en el aire»[2].

2. ***No te rindas, que la vida es eso,*** ***continuar el viaje,*** ***perseguir tus sueños,*** ***destrabar el tiempo,*** ***correr los escombros*** ***y destapar el cielo***

Todo viaje requiere un equipaje y un tiempo. El viaje de la existencia lo empezamos solos y lo acabamos solos, aun sabiendo que toda la travesía es para encontrar compañía. Se sucederán paisajes y se irá configurando ese entramado de relaciones que nos constituye. Y él estará allí,

2. E. GALEANO, *op. cit.*, p. 202.

silenciosamente, como Aquel que vincula y anuda, como Tejedora constante de redes que hacen crecer, como Reparadora de todos los tejidos que se desgarraron y se separaron un día del *paño único* donde confluyen todos los hilos de la vida.

Desde el momento en que acontecemos en el mundo, nacemos formando parte de una red de relaciones. Este tejido relacional se nos va ensanchando a lo largo del *crecimiento* y también, de otra manera, cuando llegue el tiempo de *ser despojados*. «*Al final de mi vida* –decía Casaldáliga, avanzado ya su propio viaje– *abriré mi corazón lleno de nombres*». El Espíritu es el escribidor de los nombres que van conformando nuestra vida, en los que hemos hecho experiencia de lo que significa *eso que llamamos «amor»* y que está grabado en nuestro origen y en nuestro destino como nuestra hambre mayor y como nuestro don más preciado.

En el secreto del viaje de nuestra vida, solo vivimos para hacer experiencia de *ese amor*. Para ese amor «perseguimos sueños y destapamos cielos»; para esa *vibración* del corazón, silenciada en cada piedra, en cada flor, en cada animal, en cada rostro humano que se abre ante nosotras. Solo anhelamos dar y recibir esa vibración, esa voz. «*Para que mi amor esté en vosotros*» (Jn 17,26), decía Jesús; y él hablaba de aquel amor que ordena y sostiene el Universo, en el que somos convocadas a *nacer por segunda vez* y hasta setenta veces siete.

3. No te rindas, por favor, no cedas,
aunque el frío queme,
aunque el miedo muerda,
aunque el sol se esconda
y se calle el viento,
aún hay fuego en tu alma,
aún hay vida en tus sueños

El fuego y el viento, junto con el torrente de agua viva, son los símbolos más potentes con los que la Biblia intenta decir algo de esa *Acción Posibilitadora* de todo lo que vive, de su fuerza creadora, de su imprevisibilidad, de su capacidad para generar sabiduría, sanación y belleza. Son símbolos del movimiento constante y del fluir silencioso de los procesos que gestan la vida.

El fuego de una persona se ve en sus ojos y en sus manos. El de Jesús era tremendamente cálido cuando miraba a aquel hombre excluido por la lepra (Mc 1,40), a la mujer condenada por adulterio (Jn 8,10), a la mujer con hemorragias (Mc 5,34), a Pedro después de que lo abandonara (Jn 21,15)... En las miradas que les regalaba pudieron ellos reencender sus vidas. «*Era un fuego ardiente dentro de mis huesos* –expresaba Jeremías muchos siglos antes que Jesús–, *y aunque intentaba contenerlo, no podía*» (Jer 20,9). Jesús lo dirá de otra manera: «*he venido a prender fuego a la tierra, ¡y cuánto desearía que ya estuviese ardiendo!*» (Lc 12,49).

Cuando nos toma el fuego, no tenemos nada que esconder, y precisamente aquellos materiales de nuestra vida que habríamos querido desalojar, los que considerábamos desechables, toda nuestra realidad más pobre, se convierte inesperadamente en el único material necesario para avivar la llama. Prende en nuestro vacío y en nuestra desnudez.

Una vez prendidos, toda la tarea es del Fuego, y nuestro único trabajo es abandonarnos, no oponer resistencias. Entonces podremos entendernos con el otro, reverenciarlo en su realidad última, en lo que podemos ver y en aquello que siempre nos permanecerá desconocido, y se nos desvelará el amable don que guarda su vida. La diversidad nos parecerá hermosa y fecunda, y por unos instantes podremos vernos en aquella luz que no disecciona, que no excluye, que no clasifica. Una luz que abre en nosotros *el ojo del corazón, el ojo del fuego,* en el que podemos ver las cosas, asentir a ellas *tal como son,* y en el que hay un lugar para cada expresión de la vida.

¿Podremos de verdad entendernos, reconocernos, hablando desde mentalidades distintas, en registros espirituales distintos, en tonalidades opuestas? (Hch 2,4). El relato de Pentecostés se abre como un espacio de posibilidad, como un sueño realizable, un lugar hacia el que dirigirnos y que ya se nos regala pisar ligeramente. Tomados por el Fuego, podían oírse y entenderse «no en el idioma único del imperio romano, sino con sus diversos idiomas propios. En un idioma de liberación, de relación y de unificación desde abajo»[3]. Por eso, *diálogo* es hoy otro de los muchos *nombres* del Espíritu.

3. «Ven, Espíritu Creador, y renueva la faz de la tierra», de CH. HYUNG-KYUNG, en M.J. ARANA (dir.), *Recordamos juntas el futuro,* Publicaciones Claretianas, Madrid 1995.

4. ***Porque la vida es tuya y tuyo también el deseo,***
porque lo has querido y porque te quiero,
porque existe el vino y el amor, es cierto.
Porque no hay heridas que no cure el tiempo

Me parece tan necesario escuchar, como mujeres, este verso: «*que la vida es nuestra y, nuestro también el deseo*». ¿Qué ocurriría si se nos preguntara por nuestros deseos dentro de nuestra Iglesia, por lo que soñamos, por aquello por lo que queremos brindar, por lo que amamos, por las heridas? Y si, además de preguntarnos lo que deseamos y soñamos, nos dejaran vivirlo dentro de nuestra Iglesia ¿Qué ocurriría? ¿Cómo se transformaría su rostro?

Hay un antiguo icono medieval, una pintura muy interesante que se encuentra en una Iglesia de Urschalling, en Alemania, que representa a la Trinidad, donde el Espíritu, entre las figuras masculinas del Padre y el Hijo, es representado con un rostro y un cuerpo de mujer. La *Ruah,* en hebreo, el aliento que posibilita la existencia, el suelo de todo lo que vive, es un término femenino: *la Espíritu.*

Resulta significativo que la raíz antigua de donde proviene el término *Ruah* dé origen a otros dos sustantivos: *Rewah* (la distancia) y *Reah* (el espacio lleno de perfume). En los relatos de la creación, la *Ruah* de Dios genera armonía del caos, poniendo la *distancia justa* entre las distintas criaturas, dándole a cada una su lugar, el espacio que necesita para desplegar su ser. En esa *relación adecuada,* cada brizna de hierba, cada montaña, cada ser que vive, tiene su lugar y su sentido. «Un árbol da gloria a Dios siendo sencillamente el árbol que es», decía Merton. Entregando su perfume único.

Hoy somos conscientes y podemos agradecer esa presencia de la Espíritu en los perfumes que portan las mujeres. En sus tareas por la paz y la justicia, en los aportes del ecofeminismo a la integridad de la creación, en su complicidad con los ciclos que favorecen la vida. Desplegar la dimensión femenina que hombres y mujeres guardamos dentro es señal del movimiento de *la* Espíritu. Acoger en nosotros su potencial de ternura, de cuidado y de resistencia ante todas aquellas situaciones y fuerzas que vienen a desintegrar la vida; hacer de la colaboración, de la interdependencia, del diálogo y de la apertura a las distintas culturas y a las diversas tradiciones espirituales, maneras nuevas y necesarias de situarnos en el mundo.

Los perfumes de las mujeres y los aromas, estuvieron muy presentes en la vida de Jesús, en sus momentos de gozo y de dolor. El perfume revela y oculta a la vez, aviva el deseo, es la apertura al ámbito de una presencia. Jesús los recibió agradecido, y su propia vida tomó el símbolo figurado del frasco, precioso y caro, que se rompe para poder derramarse por muchos. También Jesús reconoció a *la* Espíritu en los sabores y en los olores. En sus comidas con pecadores y publicanos, en los aromas de las mujeres que lo ungen. Todos nuestros sentidos están preparados, están bien hechos para presentirLa, cuando podemos disponerlos y silenciarlos.

La *Dama Sabiduría,* como Hildegard von Bingen invocaba a esa relación vital con Dios, nos va regalando sus aromas. No son distintos del olor de la lavanda, del jazmín, de la tierra después de la lluvia, del olor del mar..., del que nos deja el contacto con una persona sin necesidad de pronunciar palabras. Son los olores de la vida, también aquellos de los que nos alejamos, porque huelen mal, son señales de la necesidad de su Presencia y lo atraen como un imán. El olor que provoca la lepra en una piel, el olor de la exclusión y de la miseria, del cadáver de más de tres días, el intenso olor de un cayuco ignorado, de unas casas levantadas al borde de un basural... Y allí está, aleteando sobre el caos de esas realidades para rescatarlas, para devolver a cada rostro, a toda la realidad, su propia integridad, su *perfume original.*

El perfume derramado sobre la piel sana es belleza y celebración, preparación para el abrazo y la intimidad. El perfume que se vierte sobre una piel herida es ungüento y bálsamo que alivia. Pasan los años, y hay heridas que permanecen, que ni el tiempo las cura, o al menos no solo, si no es un tiempo tomado por el Espíritu.

Emociona cuando el Señor Resucitado muestra las heridas de sus manos y su costado, curadas pero heridas, abiertas por esa hendidura; y lo hace antes de entregar el Don (Jn 20,22), el gran multiplicador de lo mejor de cada uno, el portador de las células madre de nuestra vida interior. Y en el ADN de ese mismo Espíritu que se desplegó en Jesús, dos polaridades que se atraen y que heredamos en nuestro equipaje genético. Cuando la Vida nos unge, estamos potencialmente equipadas para *anunciar buena noticia, liberación, luz, sanación.* Acciones que abren plenitud en nosotras. En el otro polo: *los pobres, los cautivos, los ciegos y los oprimidos,* señalando el hacia dónde, mostrando sentido y dirección. Y en ese campo magnético de atracción se mueve la historia hacia Dios, vulnerable y amada, y nuestra pequeña vida. Jesús expresaba así esta atracción: «*El Espíritu está sobre mí, porque me ha ungido para anunciar la buena noticia a los pobres...*» (Lc 4,18-21).

5. ***Abrir las puertas,***
quitar los cerrojos,
abandonar las murallas que te protegieron,
vivir la vida y aceptar el reto,
recuperar la risa,
ensayar un canto,
bajar la guardia y extender las manos,
desplegar las alas e intentar de nuevo
celebrar la vida y retomar los cielos

Cerrojos, murallas, defensas... En las primeras etapas de nuestro proceso humano vamos envolviéndonos en una coraza. Nacemos frágiles y necesitamos protegernos. Y esa misma protección es la que, llegado el tiempo de la maduración, tendremos que soltar.

Nuestro modo de blindarnos lo hemos necesitado para protegernos y salir adelante; es un modo que también nos endurece, nos crea rigideces y se queda impreso en la tensión de nuestros músculos y grabado en la forma de nuestro cuerpo. Y el día que aprendemos que ser vulnerables es ser humanos, no sabemos bien cómo *desacorazarnos*. Cómo quitar los cerrojos, bajar la guardia y extender las manos.

El Espíritu nos hace fuertes en nuestra debilidad y nos hace madurar cuanto más recuperamos la inocencia. Esta cualidad es uno de sus rasgos más paradójicos. Su modo de protegernos es abriéndonos; su modo de defendernos es desarmándonos. ¿Podemos creernos algo así? ¿Podemos soltar nuestra necesidad de seguridad y abandonarnos totalmente al Espíritu para que pueda guiarnos? Jesús hacía experiencia de esto cuando decía: «*nadie me quita la vida, yo la doy libremente*» (Jn 10,18). Y, en su mayor despojo y pobreza, abría su cuerpo en la cruz a la Fuente Constante de un Amor que no cesa y a una Alegría que nada le podrá quitar.

A mayor desarme, a mayor indefensión, mayor transparencia y bienaventuranza. *Recuperar la risa y desplegar las alas* en los momentos más endurecidos de la realidad es señal inequívoca de su discreta Presencia. Que no nos extrañe que las personas más pobres y sencillas sean las más abiertas, las que pueden celebrar en medio de la adversidad, las que siguen esperando sin venirse abajo. Allí donde hay carencia, vacío, hay posibilidad.

Allí donde nuestro ego decrece (y tenemos que tener inmensa paciencia y humor con nosotras mismas), allí el Espíritu toma el lugar que le pertenece desde el principio y para siempre. El Espíritu nunca habla en primera persona. Se manifiesta en nuestros cuerpos como una señal, como un sello de pertenencia, cuando somos llevadas de la depredación a la donación, de retener a ofrecer, de sentirnos escindidas a sabernos parte de la creación entera. Y entonces hacemos memoria, *recordamos* (*«el Espíritu os recordará todo»*, decía Jesús) lo que estaba grabado en el corazón de la vida humana y fuimos olvidando: «que provenimos de la misma fuente de vida y que todos los hilos de nuestra vida están interrelacionados»[4].

4. CH. HYUNG-KYUNG, *op. cit.*

6. ***No te rindas, por favor no cedas,***
aunque el frío queme,
aunque el miedo muerda,
aunque el sol se ponga y se calle el viento,
aún hay fuego en tu alma,
aún hay vida en tus sueños.
Porque cada día es un comienzo nuevo,
porque esta es la hora y el mejor momento,
porque no estás solo, porque yo te quiero

Hasta el final, el *miedo* y el *frío* se presentan como compañeros de viaje que vienen a apagar los sueños y las brasas. Me impacta en la secuencia del Espíritu cómo se nombra la realidad sobre la que clamamos su venida: *tierra en sequía, corazón enfermo, hielo.* Como si esa fuera la *tierra propicia* donde el Espíritu actúa. Como si ninguna situación pudiera apartarnos de su visita; al contrario: a mayor desvalimiento, mayor proximidad.

Toda tierra baldía es buena para el Espíritu. Es un buscador incansable de fragilidades y de intemperies. En el *no-amor,* en la *no-existencia,* en la *no-posibilidad,* viene como un «*sí*» imparable que comienza de nuevo a contarnos la historia: «en el principio fue la relación». En la callada voz del amor toda realidad queda bendecida: los demonios, los desiertos y sus fieras, los ladrones que saquean y matan... Hasta los infiernos de la realidad baja para encontrarnos y besar cada vida. Con su beso, una identidad nueva que era nuestra y habíamos perdido: nadie será ya *extranjero* ni *enemigo,* «*nadie hará daño a nadie, porque la tierra estará llena del conocimiento del Señor como colman las aguas el mar*» (Is 11,9).

Hay una canción que dice: «*al lugar donde has sido feliz deberías tratar de volver*», y los años nos descubren

–ojalá que lo hagan– que ese lugar no es un espacio físico ni está ubicado en el tiempo, sino que ese lugar está dentro, viene con nosotras allá donde vamos.

Son las *tierras del Espíritu,* y habitarlas es nuestra promesa. Aquellas tierras prometidas a nuestros padres y madres y a todos aquellos que no tienen casa ni pan. Hay que descalzarse para entrar en esas tierras, hacerse cada vez más ligeras, más humildes; no retener nada y recoger para que no se pierda ni uno solo de los fragmentos de la vida, ni uno solo de los rostros más pequeños. Hasta llenar los cestos de la Realidad con inmensa gratitud, porque todos han podido saciarse de sus dones.

Las tierras del Espíritu albergan miles de nombres. Se llaman *esperanza* para unos inmigrantes subsaharianos sin papeles ni cobijo. Se llaman *amada paz* para las mujeres y niñas de Afganistán que buscan con su rostro cubierto sobrevivir a tanta barbarie. Se llaman *libertad* para los secuestrados largos años en cárceles y en selvas. Toman el nombre de *justicia* para generaciones de africanos que mueren de hambre en su continente expoliado. Se llaman *belleza,* porque todo lo creado es bueno y precioso («las lámparas son diferentes, pero la luz es la misma», decía Rumî); y se llaman siempre *humanidad.*

Igual que Jesús se encarnó, también nosotros nos hacemos hombres y mujeres, nos hacemos cada vez más humanos, *por obra del Espíritu Santo.* Él, Ella, nos hace presentir lo amados que somos, que en el Uno nunca estamos solos («en el Uno estás siempre en casa»[5]) y que *esta es la hora* para cada uno de nosotros *y el mejor momento...* ¡Aún estamos a tiempo!

5. D. HAMMARSKJÖLD, *op.cit.,* p. 151.